GUÍA PRÁCTICA PARA CANTAR EN UN CORO

Isabel Villagar

GUÍA PRÁCTICA PARA CANTAR EN UN CORO

MA
NON
TROPPO

© 2016, Isabel Villagar

© 2016, Redbook Ediciones, s. l., Barcelona.

Diseño de cubierta: Regina Richling

Diseño interior: Amanda Martínez

ISBN: 978-84-945961-1-7

Depósito legal: B-20.610-2016

Impreso por Sagrafic, Plaza Urquinaona, 14 7º 3ª, 08010 Barcelona

Impreso en España - *Printed in Spain*

Cada día aprendo más y más sobre la voz y sobre pedagogía gracias a personas maravillosas que comparten conmigo su sabiduría y su profesionalidad; me gustaría destacar a la excelente cirujana maxilofacial Raquel Villar, a la otorrinolaringóloga Irene López Delgado, a la fisioterapeuta y experta en inteligencia corporal Bibiana Badenes y a la excelente cantante Bárbara Breva, ellas complementan y colaboran en el trabajo multidisciplinar que supone investigar sobre la voz. Al médico y pedagogo José Luis Liarte y al profesor de didáctica de la educación musical Joan María Martí Mendoza por sus sugerencias, su entusiasmo y amor a la educación musical que siempre me inspiran; al pedagogo musical Jaume Martínez por ofrecer incansablemente ideas sobre nuevas tecnologías aplicadas al aprendizaje musical que disfruto implementando en mis clases. Al profesor Agustín Manuel Martínez por su revisión didáctica y su creatividad continua. A mi editor Martí Pallás por creer que la música vocal ocupa un lugar esencial en la formación integral de las personas. A mi familia por su apoyo.

ÍNDICE

Prólogo 13

Introducción 15

Fundamentos 19

Beneficios del canto 19

El desarrollo vocal 21

    El canto fisiológico 22

    La voz y su evolución 30

        Las etapas vocales 32

            Primera infancia: 0-6 años 32

            Segunda infancia: 6-7 años hasta la pubertad 34

            Adolescencia: variable en función de los individuos, entre los 12 y los 16-18 años 36

            Adulto: desde la conclusión de la muda vocal hasta la senescencia 40

            Senectud: a partir de los 65 años aproximadamente 41

        Clasificación vocal 42

        Higiene de la voz... 45

El desarrollo musical 50

La educación vocal y musical en los coros 55
Educación vocal 57
    La postura 59
    La respiración 65
    La emisión 70
    La resonancia 77
    La articulación 82
Educación musical 86
    El lenguaje musical 86
        Entonación y afinación 87
        Ritmo y movimiento 91
        Armonía 95
        Forma y textura 97
    Repertorio 98
        Elección del repertorio 98
        Los arreglos vocales 100
        Expresión y emociones 101
        La memoria 102
    Fuentes 104
Metodología 105
    Clasificación vocal colectiva 105
    La estructura del ensayo 108
    El concierto 115
        La preparación 115
        El día del concierto 116
        Después del concierto 117

La creación de un coro 119
Los tipos de coros 119
La admisión 125
Los roles de la agrupación 127

El director del coro 128
El profesor de canto o experto en técnica vocal 129
El pianista 130
El coreógrafo 130
Los coralistas 130
El jefe de cuerda 132
El archivero 132
Equipo de gestión 132
Espacios y material 133
Recursos para el estudio individual 134
Intercambios corales y festivales 135

Anexo 137
El mundo coral en España e Hispanoamérica 137

Índice de ejercicios 161

Bibliografía 165
Sobre la voz 165
Sobre educación musical,
vocal y organización coral 169
Sobre repertorio 172

PRÓLOGO

Tienes en tus manos un libro que ante todo pretende tender puentes entre la pedagogía del canto y la práctica coral. Existe una extensa bibliografía sobre la técnica de dirección coral y la metodología del trabajo grupal pero no tanto sobre la técnica vocal aplicada a las formaciones corales; este libro ofrece una amplia y contrastada información que permitirá al responsable de la formación coral (director, profesor de música, maestro, etc.) planificar la actividad con un criterio vocal y musical fundamentado, hecho que redundará en una mejora significativa de los procesos de enseñanza-aprendizaje y por tanto permitirá el acceso a la práctica musical y a sus beneficios a cualquier persona con independencia de su edad.

La práctica coral es práctica vocal y por lo tanto es fundamental que el director, profesor o educador vocal esté familiarizado con las bases científicas de la técnica vocal y la pedagogía del canto. Isabel Villagar pone en el centro de la práctica coral el desarrollo de la voz a largo plazo explicando los factores que deben ser tenidos en consideración a la hora de diseñar la propuesta y siempre en función de las características del grupo.

El conocimiento de la voz ya no es un misterio que tenga que descifrarse mediante sensaciones, percepciones y apreciaciones individuales de un determinado profesor de canto. Actualmente existe suficiente corpus de conocimiento que permite fundamentar la práctica vocal en los principios establecidos por la ciencia que son: postura, respiración, emisión, resonancia y articulación. Esta publicación sigue la corriente cientificista de la pedagogía del canto que permite que cualquier persona pueda acceder al conocimiento de la práctica del canto de una manera fundamentada y sistemática.

Los profesionales que tienen en su mano la formación vocal y musical de niños, adolescentes y adultos se hallan ante un desafío vinculado a la posibilidad de instrumentalizar el conocimiento disponible para perfeccionar y mejorar la formación vocal en pos de producir un resultado musical compatible con la salud vocal a largo plazo. Los ejercicios prácticos que se diseñan y proponen al grupo deberán estar, por lo tanto, adaptados a las características vocales, al nivel de desarrollo y a la competencia musical y perseguir objetivos concretos.

Saludo con entusiasmo el nacimiento de este volumen que deviene una guía de trabajo vocal grupal que permitirá la aplicación de diferentes estrategias en función de las características del grupo de personas con las que se trabaja.

José Luis Liarte Vázquez
Profesor de música de Secundaria, Médico y Asesor de Centro de
Formación de Profesorado

INTRODUCCIÓN

Cantar es una de las actividades más esenciales y primitivas del ser humano y en todas las culturas se encuentran ejemplos de canto colectivo por el poder que tiene para la comunicación humana desde el punto de vista emocional, social y cultural.

A lo largo de estas páginas se pretende poner en valor los beneficios que puede aportar la actividad coral en la vida de todas aquellas personas interesadas en el canto independientemente de su formación y experiencia vocal y musical.

Se podría decir que cantar tiene una dimensión poliédrica y hacerlo en grupo supone una de las experiencias más enriquecedoras que una persona puede atesorar. Cantar implica cuatro caras fundamentales que son:

▶ La necesidad ancestral de expresión emocional a través de la propia voz.

▶ El canto es la mejor herramienta para el aprendizaje musical a través del desarrollo de las habilidades auditivas, analíticas, de lectura, de la memoria, de la creación y de la improvisación.

▶ En el plano físico, el desarrollo de un adecuado esquema corporal vocal en cuanto a la necesaria coordinación muscular entre el sistema respiratorio, la laringe y las cavidades de resonancia permite un autoconocimiento y una excelente manera de prevenir problemas de postura, respiración, articulación…

▶ El repertorio en cuanto al tipo de música que se canta, el idioma, el número de voces, etc. permite aumentar la sensibilidad y la cultura favoreciendo el crecimiento intelectual.

Por otro lado, enseñar a cantar en grupo es una tarea apasionante por el reto pedagógico y humano que supone hacer vibrar al mismo tiempo a un grupo de personas. Las personas que están al frente de las agrupaciones corales (educadores vocales, maestros y profesores de música, directores de coro, profesores de canto…) deben ser conscientes de la influencia que sobre el grupo van a tener así como de su responsabilidad a la hora de diseñar e implementar las actividades más adecuadas en cada momento y para cada grupo en concreto.

El libro está organizado en tres grandes partes. En la primera parte se exponen los beneficios del canto coral así como los fundamentos del desarrollo vocal y musical que permitirán diseñar y desarrollar una práctica pedagógicamente consistente, coherente, fundamentada en principios científica y pedagógicamente comprobados. La práctica coral ha de ser enriquecedora a largo plazo y para ello ha de tener en cuenta el desarrollo fisiológico de la voz a lo largo de la vida así como el desarrollo de las competencias musicales. Por ello, se ofrece la información necesaria y las variables a tener en cuenta a la hora de organizar y enriquecer la experiencia de cantar en grupo, desde el punto de vista de la pedagogía vocal moderna.

La educación musical y vocal comprenden un tándem que han de trabajarse de manera simultánea y por ello en la segunda parte se ofrecen numerosos recursos para el aprendizaje de la técnica vocal, del lenguaje musical y del repertorio, así como estrategias metodológicas para desarrollar la práctica coral de manera que se combine el desarrollo vocal con el desarrollo musical con enfoques dinámicos y creativos.

Las actividades propuestas están fundamentadas en la ciencia vocal y en el desarrollo de las capacidades musicales y permitirán a la persona que se encuentra al frente del coro diseñar la actividad con el objetivo de crear un espacio de crecimiento y de desarrollo vocal, musical, emocional y social.

En mi libro anterior *Guía práctica para cantar* podrás encontrar la fundamentación científica de la técnica vocal. En esta publicación se explica cómo aplicar a un grupo los principios de la técnica vocal: pos-

tura, respiración, emisión, resonancia y articulación. Es importante resaltar que cuantos más recursos vocales posea el cantor mayor será su
competencia y capacidad de disfrute por ello el educador vocal debe
plantearse como primer objetivo el desarrollo del esquema corporal vocal de los coralistas.

Para comprender los ejercicios propuestos se han de tener en cuenta la equivalencia entre notas y números empleada:

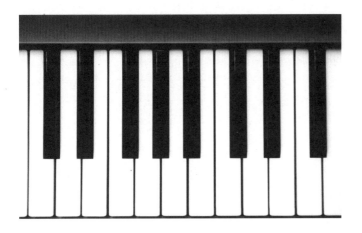

C	D	E	F	G	A	B	C	Notación anglosajona
Do	Re	Mi	Fa	Sol	La	Si	Do´	Notación latina
1	2	3	4	5	6	7	8	Notación de este libro

En la tercera parte se exponen aspectos a tener en cuenta para organizar el coro: tipos de coros, roles de la agrupación, audiciones, gestión… así como para la participación de conciertos, festivales, intercambios, etc.

Tienes en tus mano un libro de organización de la actividad coral
que hace especial hincapié a la adecuación de la técnica vocal y del repertorio a cada tipo de coro en función de la etapa vocal, la competencia

vocal y la competencia musical que se posee en cada momento y que ofrece gran cantidad de ideas que permitirán desarrollar la actividad con fundamento científico y criterio pedagógico al mismo tiempo que permitirán un desarrollo de la creatividad tanto del educador vocal como del grupo.

1

FUNDAMENTOS

Beneficios del canto

Los beneficios del canto han sido ampliamente estudiados por la comunidad pedagógica y científica y comprenden tanto aspectos fisiológicos y cognitivos, como emocionales y sociales. Cantar favorece el desarrollo de un sinfín de capacidades en la persona como son:

▶ La mejora de la autoconciencia corporal y las habilidades motrices y de coordinación del cuerpo y la voz.

▶ La mejora de la autopercepción a nivel físico, facilitando la adquisición de la habilidad para relajarse.

▶ La mejora la percepción y la expresión del propio mundo emocional.

▶ Los efectos directos sobre la salud. El control respiratorio mejora la oxigenación del organismo y el control de la postura previene dolencias musculares y articulares.

▶ La mejora de la capacidad auditiva y la sensibilidad artística.

▶ La adquisición de habilidades musicales permite el desarrollo de las habilidades ejecutivas del cerebro y mejora la plasticidad neuronal.

▶ La vivencia musical y la expresión musical a través del disfrute mejora la autoestima de las personas y da acceso a la música de la propia y de otras culturas.

▶ El conocimiento de la propia lengua y la mejora de otros idiomas a partir del canto, así como la ampliación del vocabulario, el conocimiento de refranes, de poemas, etc.

Además, participar en una agrupación vocal permite, a nivel social:

▶ Una mejora de las relaciones interpersonales y se crea el sentimiento de grupo, así como el desarrollo de habilidades de trabajo en equipo y cooperación para conseguir un logro conjunto. En sociedades multiculturales favorece la cohesión social y se fortalece el sentimiento de pertenencia a la comunidad.

▶ Se producen experiencias de gobierno a pequeña escala ya sea en el propio grupo o en las relaciones que se establecen con otras instituciones o miembros de la comunidad.

▶ Se tiene experiencia de igualdad entre los integrantes que favorece la creación y mantenimiento de valores democráticos. Y se adquiere conciencia del valor de la acción individual como parte del éxito del grupo.

Diferentes estudios han valorado aquellos aspectos que hacen que una persona quiera formar parte de un coro y señalan que éstos responden a un amplio grupo de necesidades idiosincrásicas, emocionales, sociales, existenciales y espirituales que comprenden:

▶ La necesidad de auto-expresión musical.

▶ La necesidad de tener experiencias ligadas al arte.

▶ Las relaciones interpersonales que se establecen en el grupo.

▶ La actividad de ocio como fuente de reducción del estrés y como manera de mejorar su bienestar.

▶ El hecho de conectarse con su sentido espiritual.

El coro es, por tanto, un caldo de cultivo experiencial que va a permitir el desarrollo vocal y musical siempre que la práctica sea respetuosa con aquello que sus componentes pueden hacer en cada momento. Las capacidades van a estar condicionadas por un lado a la maduración fisiológica y mental y por otro al desarrollo e integración de las capacidades vocales y musicales aprendidas. La adecuación de las propuestas metodológicas a estas premisas constituirán la clave del éxito de la propuesta de canto coral.

Por todas estas razones, el acto de cantar no debería estar restringido únicamente a aquellas personas que quieren recibir una formación musical en una escuela de música o en un conservatorio. A la experiencia coral debería acercarse todo aquel que quiera disfrutar de la música y crecer personalmente.

El desarrollo vocal

El educador vocal (director de coro, profesor de música, profesor de canto…) que esté al frente del grupo ha de tener en cuenta que cualquier propuesta de trabajo vocal coral se ha de adaptar a los condicionantes físicos colectivos, propios de cada etapa vocal (en función de la edad) y a las características individuales, propios del desarrollo vocal de cada persona. En este apartado se van a ofrecer las directrices que permitirán abordar estas cuestiones con un criterio fundamentado sobre el que construir de manera consistente y duradera la competencia vocal.

La capacidad de cantar le viene al ser humano dada con toda probabilidad, por una cuestión evolutiva, es decir, todos nacemos con el potencial de cantar porque nuestros antepasados obtuvieron ventajas a la hora de sobrevivir sobre aquellos que no desarrollaron esa capacidad. De hecho, si hay un elemento común a todas las culturas es la canción y la capacidad de cantar.

Los niños que reciben estímulos musicales de su entorno, tienen una tendencia natural hacia el canto libre y aprenden de manera espontánea canciones populares y/o de su entorno próximo. Los últimos estudios llevados a cabo por los neurofisiólogos apuntan a que las rutas neuronales del habla y del canto son diferentes desde la más tierna infancia. La implicación pedagógica de estos descubrimientos es obvia, si los niños tienen la capacidad de cantar, las familias y los educadores deben procurar que los niños no dejen de cantar y se ha de tener en cuenta que el trabajo vocal ha de fundamentarse en la estimulación de dichas rutas a través del desarrollo de nuevas habilidades vocales y musicales para que se mantengan en el tiempo.

Si los niños dejan de cantar, las rutas neuronales se van borrando y llega un momento en el que es necesario restablecerlas y reaprenderlas muscular y neuronalmente. Esto explica el por qué a aquellas personas que no han dejado de cantar nunca se les atribuye un don natural; simplemente se podría decir que han mantenido sus conexiones neuronales primitivas mediante el estímulo de la actividad canora. Aun así, estas personas, se pueden beneficiar de una formación vocal para adquirir consciencia del funcionamiento de su voz para saber qué es lo que hacen y cómo, para poder desarrollar todo su potencial. Además, el conocimiento será siempre y para todos de gran ayuda para reestablecer el equilibrio de la función vocal en el caso de que se vea alterado por diferentes causas como pueden ser: cambios hormonales, sobreuso, lesiones, etc.

El canto fisiológico

El objetivo del educador vocal es el desarrollo equilibrado y consistente de las voces que tiene a su cargo con el fin de cantar un determinado repertorio adecuado, técnica y musicalmente, que se adapte a las necesidades y a los gustos del grupo.

El canto que preserva y fortalece la voz es siempre fisiológico por ello, un adecuado funcionamiento vocal, permitirá un desarrollo equilibrado de la voz a lo largo del tiempo y la posibilidad de explorar diferentes timbres y efectos vocales según los diferentes estilos musicales sin comprometer la salud vocal.

Al plantear la actividad de cantar en grupo es necesario conocer de una manera sistemática qué se entiende por un correcto uso de la voz. La voz y su funcionamiento se fundamenta en los principios que científicamente establecen la anatomía y la fisiología humana y que son comunes a todas las personas y edades. Estos principios son: postura, respiración, emisión, resonancia, articulación y su posterior aplicación para dominar los diferentes parámetros del sonido que son: altura (sonidos más graves o más agudos), intensidad (más fuertes o más suaves), duración (más largos o más cortos) y timbre (en función del espectro armónico y aquello que diferencia una voz de otra). Por lo tanto, el acto de cantar se podría definir como el resultado de la coordinación muscular de la respiración, la laringe y los espacios de resonancia para producir sonidos a diferentes alturas, intensidades y timbres mientras se articula un texto.

CANTO FISIOLÓGICO

POSTURA
RESPIRACIÓN
EMISIÓN
RESONANCIA
ARTICULACIÓN

Todo aprendizaje motor voluntario se basa en el conocimiento y la percepción del propio cuerpo, si no se sabe dónde están los órganos implicados en la fonación y no se sabe de qué manera se pueden accionar, es imposible establecer una voluntariedad en la acción.

En el uso adecuado de la voz es necesario saber que se posee:

- Una fuente de alimentación sonora que es el aire espirado proveniente de los pulmones que es impulsado por los músculos espiradores del abdomen generando una columna de aire a una determinada presión durante el tiempo que dura el sonido.

- Un vibrador, que son las cuerdas vocales que se encuentran en la laringe, donde se produce el sonido básico, en función de las órdenes que el cerebro le da a los músculos de la laringe.

❭   Un amplificador de esas frecuencias generadas en la laringe que
    son las cavidades de resonancia formadas por todos los espacios
    que se encuentran por encima de las cuerdas vocales. Una parte
    móvil formada por: faringe, orofaringe, boca, mandíbula, velo
    del paladar y labios; y una parte fija, la parte ósea formada por:
    nariz y senos maxilares, frontales y esfenoidal.

Es importante saber a su vez que los principios que rigen el canto
fisiológico (la postura, la respiración, la emisión, la resonancia y la dicción) se desarrollan en espiral. Es imposible alcanzar una competencia
completa en el uso de la voz sin que se integren de manera básica cada
uno de los principios mencionados. Es decir, la postura va a afectar a la
capacidad inspiratoria y al gesto respiratorio necesario para establecer
una correcta columna de aire; sin un control básico del gesto de la respiración será difícil realizar una correcta emisión y sin ésta coordinación fono-respiratoria básica va a ser difícil variar las posiciones de las
cavidades de resonancia (boca, mandíbula, faringe) de manera libre y
flexible; a su vez, esta limitación, va a condicionar la calidad de la dicción de las palabras que se cantan. En la segunda parte del libro se
propondrán ejercicios para trabajar cada principio en grupo de manera
sistemática y creativa.

Para entender el funcionamiento fisiológico de la voz y de qué manera se puede trabajar a lo largo de la vida es preciso explicar el concepto de esquema corporal y esquema corporal vocal ya que la adquisición
de la competencia vocal es algo dinámico y varía con el tiempo.

Se entiende por esquema corporal a la representación que cada persona tiene sobre su cuerpo, sus diferentes componentes, sus posibilidades de movimiento y acción e incluso sobre sus limitaciones. Se trata de
la representación cognitiva que tenemos sobre nuestro propio cuerpo,
sobre la localización de sus partes y sobre sus posibilidades de acción.

Es importante destacar que el dominio del esquema corporal es un
proceso lento que va consiguiéndose a través del desarrollo y la maduración de la persona, como consecuencia de un ajuste progresivo de la
acción del cuerpo al medio y a los propósitos de la persona y que no se
acaba nunca.

El manejo voluntario completo del cuerpo se adquiere hacia los tres
años y es un proceso en el que se logra la formación cognitiva de la

imagen del cuerpo. Éste se va perfilando progresivamente y se va ajustando como consecuencia de las experiencias de la persona. La maduración y la secuenciación del aprendizaje que se realizan son fundamentales en el desarrollo del esquema corporal. Por lo tanto, la construcción del esquema corporal es un proceso de progreso individual y requiere por un lado que se produzca la maduración neurológica y sensorial, y por otro, la experimentación personal con el propio cuerpo en el entorno y la experiencia social, puesto que a través de los otros recibimos información sobre cómo es nuestro cuerpo y localizamos en los cuerpos de los otros los distintos componentes del nuestro.

De forma análoga, el esquema corporal vocal, se refiere al conocimiento propioceptivo de las sensaciones musculares profundas que se perciben a distintos niveles corporales durante la emisión vocal, hecho que, unido a las sensaciones auditivas, permite el control de la voz a través de un proceso de *feedback* o retroalimentación. El cantante debe aprender a conocer su órgano vocal y sus funciones, y sobre todo, aprender a percibir las sensaciones internas despertadas cuando canta de una manera fisiológica y sobre las que confeccionará su esquema corporal vocal. Este esquema es el que le permitirá hacer un uso eficiente de su voz cualesquiera que sean las condiciones físicas o ambientales.

Las sensaciones propioceptivas que conforman el esquema corporal vocal se perciben: en la cincha abdominal como consecuencia del control voluntario del gesto de la respiración (expansión de la caja torácica fruto de la relajación en la inspiración y actividad muscular durante la espiración); en la zona laríngea se debe percibir libertad y relajación; en la zona pectoral se percibe vibración debido a la resonancia de las frecuencias graves y en la cara (pómulos y frente) por la vibración de las frecuencias agudas; en los órganos articuladores se debe percibir libertad de movimiento (mandíbula suelta, lengua sin tensión). Es necesario resaltar que estas sensaciones van a acompañadas de un proceso de retroalimentación auditiva, es decir, la voz que nos escuchamos cuando cantamos o voz de retorno. Ésta última puede dificultar la emisión vocal en función del grado de entrenamiento vocal (a mayor entrenamiento vocal menor dependencia de la voz de retorno y mayor seguridad en las sensaciones internas). Es importante tener este aspecto en cuenta cuando se canta en grupo puesto que si se está demasiado pendiente de escuchar la voz de retorno puede existir una tendencia a cantar más fuerte para oírse que dificulte la emisión por un exceso de tensión y puede tener como consecuencia un desequilibrio vocal que debe ser advertido y corregido.

Además el conjunto de las sensaciones unidas a la percepción de la propia voz pueden variar según se hable o cante, en función del estilo musical, la altura tonal (las frecuencias agudas se perciben en lugares diferentes del cuerpo que las graves), el volumen o intensidad, las características de la sala (con más o menos reverberación), si se canta con o sin micrófono y si se canta con o sin acompañamiento instrumental.

Una de las consideraciones más importantes a la hora de configurar el esquema corporal vocal es que un uso adecuado y fisiológico de la voz cantada parte de la configuración de la voz mixta tanto en niños como en adolescentes y adultos. Esta voz mixta se basa en el equilibrio de los registros de pecho y de cabeza de manera que la voz adquiere características tímbricas homogéneas en toda la extensión vocal. El trabajo del equilibrio de registros y la configuración de la voz mixta es esencial para mantener sana la voz a lo largo de toda la vida.

Por otro lado, partiendo del concepto de esquema corporal vocal es más fácil entender de qué manera se puede adaptar el descubrimiento y conocimiento de la voz a las características evolutivas y madurativas de las personas. En el canto debemos entender que la voz es un instrumento que se puede mejorar y desarrollar siempre que se respete la maduración vocal y muscular de cada fase vital.

Existe una sutil diferencia entre enseñar a cantar, entendiéndolo como la adquisición de un esquema corporal vocal saludable, y enseñar a cantar un determinado estilo: clásico, moderno o popular; ya que, si se comprende por un lado cómo y por qué se producen determinados sonidos (intensidades, tesituras y ataques) y efectos vocales a nivel fisiológico y por otro cuáles de ellos se emplean en cada estilo, es decir, la

vocalidad propia de cada tipo de música, se podrá hacer una aproximación a cualquier estilo empleando los recursos técnicos pertinentes. En
la segunda parte del libro se explicará qué tipo de consideraciones han
de ser tenidas en cuenta para cada estilo.

Hay una cuestión que preocupa a muchos directores corales y es el
hecho de que el grupo suene empastado, es decir con una sonoridad
homogénea. Desde el punto de vista de la pedagogía del canto el mejor
empaste de voces se produce cuando todas ellas producen una emisión
libre, coordinada y equilibrada. Una manera de cantar eficiente produce
el timbre vocal más estético independientemente de que se cante solo o
en grupo. El empaste vocal parece ser a menudo un problema en voces
poco entrenadas pero no existe un timbre vocal que iguale al grupo. Los
coralistas que imitan un determinado modelo vocal acaban por artificia-
lizar y falsificar su verdadera voz y esto no es algo deseable desde el
punto de la vista de la técnica vocal. Por ello es tarea de la persona que
está a cargo de la agrupación dotar de recursos vocales a cada uno de
sus componentes para que se produzca este canto fisiológico y libre. Sin
duda alguna equilibrar las voces es de lejos la mejor técnica para conseguir un sonido coral completo y es deber del educador vocal enseñar y
permitir que los coralistas se conviertan en cantantes completos ofre-
ciéndoles los recursos que les permitan equilibrar su voz y consolidar e
interiorizar un esquema corporal vocal fisiológicamente eficiente.

Otro aspecto a considerar es que aprender a cantar es un aprendizaje psicomotriz que se produce en varias etapas y que han de ser tenidas
en cuenta en la dinámica del ensayo sobre todo si se emplea como recurso principal la imitación:

- La observación, es una preexposición que debe encender el deseo de aprender. Es un momento esencial para motivar a los

participantes del coro. Este momento puede ser la realización de un ejemplo vocal de la obra a interpretar, la visualización de un vídeo de la obra que se va a trabajar, la asistencia a un concierto, etc.

▶ La preparación es la fase inicial del trabajo en la que se debe fomentar una buena actitud física y mental hacia las tareas que se van a realizar. En esta fase se debe plantear el objetivo de la actividad y lo que se desea lograr de manera concreta.

▶ Iniciación de la actividad. Ya sea un trabajo de movimiento corporal, ejercicios vocales o el trabajo de las obras se ha de explicar somera y concisamente en qué consiste la actividad y hacer un ejemplo de la misma. El director debe ser consciente de que es el modelo a imitar y que los cantantes emularán exactamente lo que el haga. Si el resultado no le agrada debe plantearse si está ofreciendo un buen ejemplo.

▶ Elaboración. Los coralistas repiten varias veces la secuencia de pequeños elementos dirigidos y supervisados por el profesor/director.

▶ Memoria y codificación. Es la fase en la que se establecen los automatismos, es decir, se han establecido las conexiones neuronales que permiten la repetición del ejemplo gracias a su memorización.

▶ Interpretación individual. Los cantantes son capaces de ejecutar la acción por sí solos y atribuyen significado a la acción. En el caso del repertorio memorizan las obras, son capaces de cantarlas solos y expresarse a través de la música.

Por otro lado, el desarrollo vocal sigue los principios del desarrollo muscular y por lo tanto es necesario saber que los músculos se desarrollan si se trabaja de manera equilibrada la fuerza, la resistencia y la flexibilidad, o, lo que es lo mismo, no se sobrecargan o se les exige más de lo que pueden hacer en cada momento. Es importante entender que ese equilibrio muscular es fruto de una coordinación en la que el esfuerzo mínimo necesario permite la ejecución del movimiento de manera económica y libre y debería ser tenido en cuenta a lo largo de todo el proceso de adquisición de la técnica vocal.

A la hora de diseñar el entrenamiento vocal es preciso saber que la musculatura se desarrolla siguiendo los siguientes principios:

▶ Principio de sobrecarga: La adaptación fisiológica se produce en la musculatura con los estímulos adecuados y ello implica ejercitar los músculos más allá de su uso habitual. El entrenamiento debe tener los siguientes componentes: frecuencia, duración, intensidad, tipo y progresión de los ejercicios. En el caso de la voz implica el estímulo de todos los sistemas musculares implicados en la fonación. El entrenamiento debe ser alternado con momentos de descanso o momentos en los que se disminuye la intensidad o la duración del ejercicio.

▶ Principio de especificidad: Los ejercicios deben ser los adecuados para el fin que se persigue. Esta especificidad implica el trabajo neuromuscular de los grupos de músculos que están implicados en la respiración, emisión, resonancia o articulación. Por lo tanto el entrenamiento debe ser progresivo, sistemático y variado para trabajar toda la musculatura.

▶ Principio de individualidad: Las respuestas fisiológicas varían de un individuo a otro. Los mismos ejercicios pueden no producir los mismos resultados en todos los individuos. El director del coro tiene un gran reto a la hora de panificar el entrenamiento porque si bien debe proponer ejercicios válidos para la mayoría debe además observar cuando su aplicación individual no está logrando los objetivos propuestos. Debe desarrollar una visión global-particular y cuando un cantante requiera de atención personalizada ofrecérsela o recomendarle asistir a clases de canto individuales.

▶ Principio de reversibilidad: El entrenamiento debe ser regular. La práctica constante favorece el desarrollo muscular, si se practica al menos tres veces a la semana se producen beneficios a nivel muscular claramente perceptibles. Dejar la práctica durante un periodo largo de tiempo hará que la musculatura pierda tonicidad y resistencia.

Finalmente es preciso saber que la voz evoluciona con la edad y que en cada etapa vital va a presentar unas características y unos condicionantes concretos que se describirán en el siguiente apartado.

La voz y su evolución

La voz es parte indisoluble del cuerpo y la psique de una persona y por tanto su desarrollo va íntimamente ligado al desarrollo físico, mental y emocional.

Se han podido diferenciar cinco etapas en el desarrollo vocal que poseen características fónicas contrastadas: primera infancia, segunda infancia, adolescencia, adultez y senectud. Conocer qué características, limitaciones y potencialidades físicas, y por lo tanto fónicas, se presentan en cada etapa vital es fundamental para desarrollar una propuesta educativa respetuosa y coherente.

No existe ninguna evidencia científica ni pedagógica que contraindique la enseñanza del canto a lo largo de toda la vida de la persona siempre y cuando se empleen recursos y metodologías adecuadas a cada etapa evolutiva. Lo que sí que está comprobado es que salirse de los límites de la maduración física y mental de los individuos es extremadamente perjudicial, al igual que sucede en otras disciplinas artísticas. Es por ello que las personas que están al frente de la educación vocal de niños, adolescentes y adultos deben conocer y respetar aquello que se puede y no se puede hacer en función de la maduración física del cuerpo, del desarrollo muscular, musical y mental.

Para entender cómo evolucionan las voces con la edad es importante saber cómo evolucionan desde el nacimiento hasta la edad adulta las tres partes fundamentales implicadas en la fonación: sistema respiratorio, laringe y tracto vocal.

Con respecto al sistema respiratorio es destacable que el tamaño de los pulmones de los niños es menor y la posición de las costillas difieren de la edad adulta, encontrándose más horizontales (adquieren la posición adulta hacia los 8 años), haciendo que la respiración de los niños sea esencialmente diafragmática con poco movimiento costal. Ambas circunstancias hacen que los niños no puedan cantar frases largas hasta los 7-8 años, hecho que ha de ser tenido en cuenta en la selección los ejercicios vocales y del repertorio para que los cantores no se fatiguen.

La capacidad pulmonar y el movimiento costal aumentan con el crecimiento y maduración de la persona, pero el control del gesto de la respiración es un aprendizaje consciente y voluntario que se va ejercitando y depurando con el tiempo y se adquiere mediante ejercicios concretos que estimulan y fortalecen la musculatura responsable de la acción.

La laringe es un órgano con características sexuales secundarias, cuya maduración transcurre paralela a la del diencéfalo. Por esta razón, la estructura laríngea y las características de la voz son un fiel reflejo de la edad, el sexo y del estado de salud de una persona. Este hecho condiciona las características fónicas de cada etapa vocal que se concretan en: la variabilidad de la frecuencia fundamental, la extensión, la tesitura, los registros y determinadas cualidades vocales.

La laringe varía su posición en el cuello, descendiendo, desde el nacimiento hasta la pubertad; hasta el tercer mes de edad, la laringe está muy próxima al cráneo, a la altura de la tercera/cuarta vértebras cervicales, y poco a poco va descendiendo hasta alcanzar entre los cinco y seis años la altura de la quinta/sexta vértebras cervicales. Entre los quince y dieciséis años se sitúa a la altura de la séptima vértebra cervical y ese será su emplazamiento definitivo. Esta variabilidad en la posición con respecto a las vértebras va a condicionar el tamaño de los espacios de resonancia superiores y por lo tanto las intensidades y el timbre que puede adquirir la voz.

Por otro lado, es importante tener en cuenta que la estructura de los tejidos de las cuerdas vocales evolucionan con la edad. Antes de los dos o tres años las cuerdas vocales están constituidas primariamente por tejido mucoso y este tejido puede vibrar fácilmente pero la vibración es difícil de controlar en términos de frecuencias y regularidad de movimiento. La evolución del ligamento vocal y de los músculos ayudan a estabilizar los patrones de vibración vocal. Entre los dos y los seis años las cuerdas vocales y el músculo tiroaritenoideo comienzan a tomar forma y es por ello que los niños van controlando de manera progresiva tanto su capacidad de hablar como de cantar. Aun así los niños tendrán dificultades en cantar frases tempo alegro, coloraturas y ornamentaciones rápidas y tesituras demasiado amplias o en los extremos de la voz (tanto superiores como inferiores). La falta de definición de los tejidos hará también que el control de diferentes intensidades sea muy limitado.

El aumento de la longitud de las cuerdas vocales es el tercer factor clave en la evolución de las voces. En la infancia la longitud de la membrana es de aproximadamente 2 mm. La ratio de crecimiento es de 0,4 mm/año en niñas y 0,7mm/año en niños hasta alcanzar el máximo de longitud en la edad adulta alrededor de los 16 mm en hombres y 10 mm en mujeres.

Con respecto al tracto vocal es necesario entender que la posición elevada de la laringe durante la infancia va a hacer que el espacio de resonancia sea más limitado en los niños que en los adultos y por ello los niños posean un timbre y cualidades sonoras característicos. Es importante para el educador vocal prestar atención a que los niños no imiten voces adultas ya que estarían forzando el tracto vocal, hecho que puede alterar su normal desarrollo.

Las etapas vocales

Primera infancia: 0-6 años

En esta etapa el tamaño y la posición de los pulmones limita el tiempo de espiración y emisión, este hecho ha de ser tenido en cuenta a la hora de plantear los ejercicios vocales y en la selección del repertorio.

La laringe está en proceso de cambio tanto en lo referente a su posición vertebral, en el grado de desarrollo muscular y en la tasa de crecimiento de las cuerdas vocales. La consecuencia directa es que el desarrollo laríngeo se refleja en una intestabilidad en la producción vocal y en una inestabilidad tonal, es decir, los niños son capaces de reproducir contornos melódicos sencillos, en tesituras limitadas, en tempi moderato e intensidades limitadas, pero no será hasta alcanzar la siguiente etapa cuando se produzca una estabilidad en la morfología de su laringe y puedan cantar completamente afinada y de principio a fin en el mismo tono una canción de su cultura.

Con respecto a los aspectos resonanciales es destacable que la capacidad de variar el timbre es muy limitada porque los espacios de resonancia son más pequeños.

La frecuencia fundamental de la voz hablada en esta etapa varía pasando del sol3 desde el nacimiento hasta los dos años, mi3 a los 4 años, re3 a los 6 años fruto del desarrollo laríngeo. Se tomará esta frecuencia para iniciar los ejercicios vocales y para seleccionar los tonos de las canciones (que deberán estar entorno a esta frecuencia).

Aunque la extensión vocal en esta etapa puede ser muy amplia cuando se explora la voz (pueden emitir sonidos muy agudos), a la hora de cantar, el control de la tesitura se limita a la comprendida entre el do3 al la3. En esta etapa no se diferencian o clasifican las voces en graves y agudas porque cantan a canciones sencillas en esta tesitura limitada. Si se canta algún tipo de canción a varias voces ambas melodías deberán restringirse a esta tesitura.

En un grupo de niños de estas edades el educador vocal encontrará diferencias en el desarrollo vocal y musical fruto de un proceso de maduración por lo tanto debe adaptarse tanto en lo relativo a las actividades como en la selección de las canciones (por dificultad de la música y de la letra) a lo que la mayoría de los niños pueden hacer con cierta solvencia porque su labor se encuentra en ofrecer la oportunidad de aprendizaje musical y vocal a todo el colectivo. En esta etapa lo más importante es que los niños exploren las posibilidades de su voz con juegos, sonidos de animales y que se estimule su capacidad de canto libre y espontáneo. El desarrollo del canto en esta etapa favorece el aprendizaje del lenguaje y sobre todo el desarrollo muscular de todo el aparato fonador.

El canto grupal se realiza fundamentalmente en la escuela o en el ámbito familiar y sirve para que los niños se interesen por el sonido y por la música, a la par que aprenden vocabulario, canciones que ayuden a adquirir rutinas o que se canten en diferentes tipos de fiestas. El repertorio comprende canciones populares, rimas, soniquetes sencillos (frases cortas, letras claras, tesituras limitadas, tempi adecuados, etc). Se puede introducir el canto a dos voces con algún canon sencillo o quodlibet al final de esta etapa.

A nivel pedagógico, el recurso más potente que se tiene para enseñar a cantar a los niños es la imitación. Es esencial que los niños cuenten con un buen modelo por lo tanto el educador vocal deberá poseer una competencia y conocimiento sobre el funcionamiento de su propia voz que le permita cantar con solvencia el repertorio que debe enseñar a los niños.

Segunda infancia: 6-7 años hasta la pubertad

Esta etapa se caracteriza por una cierta estabilidad vocal fisiológica, producto de una ralentización del crecimiento de las estructuras implicadas en la fonación, que permite que la formación vocal se produzca de manera consistente. Desde el punto de vista formal, entre los seis y los ocho años los niños ya son capaces de sistematizar el conocimiento y las posibilidades de su propia voz mediante un aprendizaje muscular consciente.

A nivel fisiológico cabe destacar que las costillas adquieren su posición definitiva permitiendo la adquisición del patrón respiratorio costodiafragmático y el aprendizaje consciente y voluntario del gesto de la respiración definitivo cuyo control permanecerá en el tiempo. Por otro lado, la laringe estabiliza su crecimiento, su posición vertebral y la musculatura de las cuerdas vocales se encuentra más desarrollada. Hasta que no se alcance la pubertad no se reanudará el crecimiento y por ello esta etapa permite un mayor control del sonido y la posibilidad de explorar y desarrollar de manera global la voz.

Con respecto a las características fónicas que presentan las voces infantiles o también llamadas voces blancas encontramos que son voces con una capacidad limitada de proyección y de control de las dinámicas (fuerte-piano) ya que los tejidos óseos aun no poseen la dureza que tendrán en el futuro. Son voces que carecen de vibrato y la capacidad articulatoria ha de trabajarse para ejercitar la musculatura. Por otro lado, la mezcla de registros es más fácil de establecer porque los tejidos son más flexibles.

Se puede comenzar una formación vocal específica haciendo hincapié en que no deja de ser una voz inmadura y en proceso de evolución y por ello hay que adaptar la metodología, los ejercicios y el repertorio.

Aunque los niños no son capaces de emitir su voz con grandes volúmenes pueden aumentar su competencia vocal debido al incremento progresivo de las tesituras y de las habilidades musicales. Es más, estas habilidades aprendidas durante este periodo se mantendrán a lo largo de la pubertad y la vida adulta. La configuración de un adecuado esquema corporal vocal se mantendrá en las siguientes etapas sobre todo en lo que respecta a la adquisición de un adecuado gesto respiratorio y una conciencia de las sensaciones propioceptivas correspondientes a un sonido equilibrado y fisiológicamente saludable.

En esta etapa no se diferencian las voces por sexos sino en voces graves o agudas. La extensión vocal, hacia los ocho años, puede llegar a las dos octavas con un entrenamiento adecuado. Las tesituras en las que se puede cantar saludablemente son mucho más limitadas.

La clasificación en voces graves y voces agudas tiene en cuenta la facilidad que tienen ambos, niños y niñas, para cantar con facilidad en el centro-agudo o en el centro-grave. Las extensiones y tesituras en esta franja de edades es por término medio lo que se muestra en la tabla.

	Extensión	Tesitura
Voces agudas	do3-re3 hasta sol4-la4	mi3-fa4
Voces graves	sol2-la2 hasta re3-mi4	do3-si3

Si bien es cierto que se pueden dar casos de niños y niñas con extensiones vocales mayores, este hecho no debe confundir al educador vocal y sobre todo ha de considerar las tesituras reales y promedio del grupo a la hora de seleccionar los ejercicios y el repertorio que cantará todo el grupo.

El periodo para cantar un repertorio musical diverso y rico se encuentra entre los 8 y los 14 años. Es la "edad de oro" en el aprendizaje musical y los niños son capaces de cantar obras de mayor dificultad si se realiza una planificación adecuada y una secuenciación de actividades acordes al desarrollo del grupo. Aun así es preciso tener en cuenta que no siempre el repertorio compuesto para coros adultos es el adecuado para los niños debido a que se requiere mayor resistencia de todo el aparato fonador.

En esta etapa vocal se puede cantar a dos o tres voces y se puede integrar la expresión y el movimiento corporal, hecho que mejorará el aprendizaje y coordinación neuromuscular. El repertorio puede ser variado y comprender obras de música clásica, moderna o popular, en diferentes idiomas. El objetivo es que los niños cantores descubran diferentes posibilidades de la voz y aumenten su cultura musical.

Adolescencia: variable en función de los individuos, entre los 12 y los 16-18 años

La adolescencia se caracteriza por el rápido crecimiento del los niños y niñas y esto se ve reflejado en el raudo desarrollo corporal y laríngeo. En este momento se produce tanto en los niños como en las niñas la conocida muda vocal o cambio de voz.

En este periodo se establecen las características de diferenciación sexual secundaria que son más notables en los niños que en las niñas y es a partir de esta etapa cuando se empezarán a clasificar las voces en función del sexo.

En ambos sexos, la laringe va descendiendo hasta su posición definitiva, los cartílagos de la laringe presentan un crecimiento acelerado que comienza en el cartílago tiroides y continúa con el aumento de la longitud de las membrana vocal que es la porción de la cuerda que vibra. En los chicos aumenta desde los 9 mm hasta los 13 mm y en las chicas entre los 8 y los 11,5 mm.

Esta científicamente comprobado que este desarrollo laríngeo sigue un patrón secuencial y predecible en todos los individuos. En las niñas se desarrolla a lo largo de tres etapas y en los niños a través de seis. Es importante resaltar que, en términos generales, se trata de un periodo de inestabilidad vocal y es preciso explicar a los adolescentes qué va a suceder con su voz y enseñarles a distinguir entre una limitación física y una limitación técnica o musical. Conocer las posibilidades vocales que se tienen a la hora de cantar en esta etapa es fundamental para el correcto desarrollo y para evitar que tanto niñas como niños se alejen de la actividad canora o abusen de su voz por no ser conscientes de las cualidades que tienen sus voces en este periodo de tiempo.

Los educadores vocales deben conocer las características de la voz en cada una de las etapas para organizar la agrupación coral en estas edades y para respetar el desarrollo vocal de todos los individuos y, en el caso de ser necesario, prestar una atención individualizada o indicarles la conveniencia de asistir a clases de canto individuales que complementen la actividad coral.

La clasificación de las voces adolescentes ha de realizarse en función de la fase de la muda vocal en la que se encuentran y no atendiendo a la clasificación por tipología vocal que se hace en las voces adultas (soprano/mezzo/alto y tenor/barítono/bajo) ya que poseen características definitoras propias.

Es muy posible que sea necesario realizar arreglos melódicos y/o armónicos en las partituras para facilitar el canto del grupo. El respeto al proceso madurativo de cada miembro del grupo debe ser prioritario y se deben valorar más frecuentemente las voces de manera individual especialmente cuando los coralistas muestren señales de incomodidad o dificultad para cantar el repertorio dado en la voz en la que estén.

Es bueno cantar durante la muda vocal pero debido a los rápidos cambios es recomendable hacerlo bajo la supervisión de un profesor de canto o de coro para evitar que la voz se estanque en alguna de las etapas.

Por otro lado, aquellos niños que han recibido una adecuada formación vocal en la infancia atraviesan el proceso de la muda vocal con mayores destrezas vocales y de manera más natural y consciente.

A continuación se realiza una descripción más minuciosa de los procesos de muda vocal en chicos y en chicas.

La muda vocal masculina

La teoría ecléctica contemporánea de la muda de la voz masculina en la adolescencia está globalmente aceptada y comprobada científica y pedagógicamente y describe el cambio de voz en los chicos adolescentes. Fue formulada por Cooksey en 1977 y revisada en el año 2000.

La premisa fundamental es que el desarrollo laríngeo masculino se produce siguiendo un patrón, gradual y secuencial en seis fases. Estas seis fases son predecibles, universales y consecutivas transcurren a diferentes velocidades según los individuos y se producen en una franja de tiempo flexible entre los seis meses y los dos años (la fase más aguda del cambio se alcanza entre los 12 y los 13 años en la mayoría de los casos).

Para la mayoría de los chicos, la muda de la voz comienza hacia los 12-13 años, alcanza su fase más activa sobre los 13-14 y finalizará definitivamente entre los 15 y los 18 años, ya que la voz continúa expandiéndose durante estos últimos años, pero a una velocidad mucho más lenta.

Los parámetros vocales que se emplean para definir las seis fases mencionadas son: la frecuencia fundamental de la voz hablada, la extensión vocal (el más importante), la tesitura, la calidad de la voz y el desarrollo de los registros.

Todos los adolescentes atraviesan las fases descritas por Cooksey, con un descenso gradual (a la vez que asimétrico) de la voz. Cabe destacar que el cambio se produce más rápidamente y primero en la voz hablada que en la voz cantada y que el descenso de la frecuencia fundamental de la voz hablada es un indicativo del paso de una fase a otra.

Se percibe el inicio de la muda vocal porque la voz suena con un poco de aire, la emisión de las notas agudas se torna más difícil y la frecuencia fundamental de la voz hablada comienza a descender.

En la fase 4 aparece el registro de falsetto (nueva voz de cabeza del hombre adulto en ciernes pero con mucha menos potencia que la que tenía cuando era niño), difícil de emitir hasta que se alcanza la etapa de nuevo barítono pero que es importante ejercitar.

En la siguiente tabla se realiza una descripción de las fases y los parámetros que van cambiando de una a otra y que el docente de canto debe tener en cuenta para considerar los cambios que considere pertinentes en los ejercicios vocales y en el repertorio.

FASE	Extensión vocal	Tesitura	Fecuencia fundamental
Fase 1: Precambio. Voz infantil	La 2-Fa4	Do#3-La#3	Do3
Fase 2: Midvoice I. Periodo inicial de cambio	Lab2-Do4	Si2-Sol3	Si2
Fase 3: Midvoice II. Periodo crítico	Fa2-La3	Sol#2-Fa3	Lab2
Fase 4: Midvoice IIa. Clímax del cambio	Re2-Fa#3	Fa#2-Re3	Fa2
Fase 5: Nuevo barítono	Si1-Re#3	Re#2-La#2	Re2
Fase 6: Barítono desarrollado. Voz postcambio	Sol1-Re3	Si1-Sol#2	Sib1

La muda vocal femenina

Al igual que sucede en los niños, las niñas también experimentan durante la pubertad un desarrollo laríngeo que ha sido estudiado y descrito por diversos investigadores desde 1970 hasta la actualidad. La referencia en cuanto a la descripción de la muda femenina es la Dra. Lynn Gackle, que ha descrito las distintas fases. Es importante tener en cuenta la implicación pedagógica que tiene el desarrollo de las voces femeninas ya que pueden llegar a tardar cuatro años en adquirir sus características adultas.

El cambio suele comenzar a los 10, con la aparición de la menstruación, y se suele completar a los 14-15 años. Generalmente las niñas tienen su pico de crecimiento dos años antes que los niños y los cambios fisiológicos incluyen el descenso laríngeo, un aumento del tamaño de la laringe (en grosor y longitud) y de la membrana de las cuerdas vocales que aumenta 4 mm (frente a los 10 mm de los hombres).

El aspecto más destacable es que la voz femenina pierde brillantez, se engrosa y presenta problemas de escape de aire. Este último fenómeno tiene una causa fisiológica y madurativa descrita en la literatura científica; la deficiencia en la fonación típica de la laringe femenina en la adolescencia se debe a la aparición de lo que denominó el "hueco o triángulo morfológico" (*mutational gasp*). Esta hendidura es un hueco triangular que aparece entre las terminaciones posteriores de las cuerdas vocales como resultado del debilitamiento de los músculos interaritenoideos que fallan a la hora de cerrar las cuerdas vocales completamente para la fonación. Este hueco va desapareciendo conforme las voces maduran y se fortalecen.

La implicación pedagógica que se deriva de este hecho es que mientras que una buena técnica vocal puede tender a minimizar la cualidad áspera y la presencia de aire en la voz femenina adolescente, no es posible eliminar totalmente la presencia de aire que sufren las chicas en esta edad al cantar, ya que esto sólo se resuelve en la medida en que la musculatura laríngea madura y es capaz de cerrar la glotis convenientemente.

El educador vocal debe, por tanto, tener en cuenta qué características fónicas son normales en cada etapa y cuáles no. También es importante destacar que los resultados en cuanto a la proyección son limitados en este periodo y que el docente debe centrarse en trabajar el equilibrio de los registros vocales o voz mixta. Es frecuente que el registro de pecho suene más lleno y el de cabeza más fino provocando a menudo una tendencia a cantar exclusivamente en el registro de pecho, para ello se pueden intercambiar las partes agudas y graves entre las chicas. Es preciso destacar que la falta de equilibro entre ambos registros puede comprometer el desarrollo vocal futuro.

Las voces femeninas adolescentes se pueden agrupar en un grupo homogéneo no siendo conveniente clasificarlas en sopranos-mezzo-alto sino entendiendo que todas tendrían una extensión y tesitura equivalentes a una soprano II o mezzo y por la tanto pueden alternar partes agudas y graves, entendiendo que a la hora de cantar en grupo las tesituras van a ser más reducidas.

En el siguiente gráfico se muestra la evolución de las voces femeninas durante el cambio vocal. Las etapas se caracterizan por cambios en la consistencia de la voz más que en cambios en la extensión o tesitura vocal. La aparición del vibrato natural suele ser un indicativo de la conclusión de la muda vocal.

Etapa	Edad	Extensión	Tesitura
Etapa 1: Prepuberal/ Preadolescente	8-9 y 11 años	Sib2-Fa4	Re3-Re4
Etapa 2a: Pubescente-Premenarquía	11-12-13 años	La2-Sol4	Re3-Re4
Etapa 2b: Pubertad-Postmenarquía	13-14-15 años	La2-Fa4	Si2-Do4
Etapa 3: Postmenarquía-adulto joven	13-15 años	La2-La4	La 2-Sol4

Adulto: desde la conclusión de la muda vocal hasta la senescencia

Una vez que las voces adquieren sus características adultas, con un adecuado trabajo vocal pueden desarrollar su todo su potencial vocal en cuanto a extensión, tesitura, potencia, etc.

Si los participantes en la agrupación coral han recibido formación vocal y musical a lo largo de su infancia y adolescencia y poseen un adecuado esquema corporal vocal, podrán afrontar repertorios y dificultades técnicas crecientes como consecuencia de ese entrenamiento. En caso contrario, es necesario rebajar las expectativas para ir adecuando el desarrollo vocal y musical del grupo a su capacidad de aprendizaje y asimilación. En un coro es especialmente importante conocer la clasificación para que todos los participantes desarrollen su voz de manera saludable y armoniosa, y para cantar repertorio a varias voces.

Las voces adultas se clasifican por sexo y en función de si son graves, medias o agudas y los parámetros observables son la extensión vocal, el cambio de registro y el timbre. En cuanto a las tesituras, es importante resaltar que en las agrupaciones corales se emplean tesituras más reducidas que en el canto solista.

	Tipo	Extensión	Tesitura en un coro
Voces femeninas	Soprano	Do3 - Do5	Mi3 - Fa4
	Mezzo-soprano	Sol2 - La4	Do3 - Do4
	Contralto	Fa2 - Sol4	La2 - Si 3
Voces masculinas	Tenor	Si1- Do4	Fa4 - Mi3
	Barítono	Sol1- La3	Re2- Do3
	Bajo	Re1 - Fa3	La1 - Sol2

El director debe prestar atención a la adecuada clasificación vocal y realizarla con minuciosidad, si es necesario debe pedir asesoramiento a un profesor de canto experto.

Senectud: a partir de los 65 años aproximadamente

A la hora de trabajar con un grupo de estas edades es preciso valorar el grado de experiencia musical y vocal y las experiencias previas para ajustarse a las necesidades globales del grupo.

En el caso de iniciar la actividad canora en este momento es preciso tener en cuenta que la plasticidad neuronal y la osificación de los cartílagos pueden ser un factor limitante a la hora de adquirir un adecuado esquema corporal vocal y lo más sensato es afrontar la actividad desde el punto de vista del disfrute y no desde la expectativa de que se pueda interpretar un determinado tipo de repertorio. Por esta razón hay que trabajar con tesituras más centrales y reducidas y con repertorio sencillo.

Clasificación vocal

Los coros tienen la imperante necesidad de clasificar las voces por varias razones:

▷ La necesidad de trabajar siempre de forma respetuosa hacia las características de las voces en cada momento. Los miembros de la agrupación deben cantar siempre cómodos para que su instrumento tenga un desarrollo muscular y musical eficiente y fisiológico. Además el director debe conocer el grado de desarrollo vocal de sus participantes y valorar su evolución en el tiempo para ir adaptando las actividades y el repertorio.

▷ El trabajo musical a varias voces propio de las agrupaciones corales obliga a clasificar de manera homogénea y equilibrada los diferentes tipos de voces para que el resultado musical sea adecuado. La clasificación debe realizarse en función de la etapa vocal y las características propias de cada persona (agudas/graves, masculinas/femeninas, etc.).

▷ Aunque puedan existir variaciones individuales en cuanto a extensión vocal y tesitura, en la agrupación vocal se debe velar por la salud vocal de todos los integrantes, por lo tanto las tesituras empleadas en las obras que se canten serán, en general, más reducidas que aquellas que serían aceptables en la enseñanza individualizada.

Como primer criterio para clasificar las voces se ha de tener en cuenta la etapa de desarrollo vocal en la que se encuentren los miembros de la agrupación. No es aconsejable incluir en un mismo coro a personas de diferentes etapas porque se corre el riesgo de no poder adaptarse a las necesidades vocales y musicales del grupo. La razón de que existan diferentes tipos de coros (de niños, juveniles o de adultos) es precisamente la necesidad de adaptar las propuestas musicales a las características fónicas de cada etapa de desarrollo.

Uno de los principales retos a los que se enfrenta el educador vocal es la clasificación y evaluación de las voces. Es una tarea que, en la mayoría de los casos, va a requerir una valoración periódica, sobre todo, en el caso de los coros de niños, adolescentes y amateurs. Las voces de los niños y adolescentes están en evolución y van a presentar características diferenciadas con el tiempo y es necesario detectar cuando se producen estos cambios. En el caso de las voces adultas poco trabajadas van a presentar limitaciones técnicas que se irán solventando progresivamente. Por poner un ejemplo, es muy frecuente que en los coros amateurs algunas sopranos con dificultades en la parte aguda de la voz al comenzar el trabajo deban cantar en la cuerda de contralto o mezzo y que con el tiempo y el trabajo puedan trasladarse a la cuerda de sopranos. Cuando las voces adultas tienen una buena técnica vocal la clasificación es inmediata y definitiva.

Para evaluar y clasificar las voces se tienen en cuenta los siguientes parámetros:

- El sexo: las voces adolescentes y adultas presentan características diferenciadas.

- La frecuencia fundamental: es la nota en la que el habla es cómoda. Se puede determinar haciendo contar de 20 hasta 1 y determinando la nota sobre la que se cuenta.

- La extensión: comprende desde la nota más grave hasta la nota más aguda que se puede emitir.

- La tesitura: comprende una parte más reducida de la extensión y es aquella parte de la voz, más central en la que se está cómodo a la hora de cantar.

▶ Los registros: comprende los dos mecanismos de funcionamiento laríngeo (registro de pecho y de cabeza) y su mezcla para una correcta emisión. En el caso de personas que no tengan un buen esquema corporal vocal y una buena configuración de su voz mixta (equilibrio de los registros) puede darse el caso de que el registro de cabeza y/o el de pecho estén infra o super-desarrollados y este hecho limite tanto la extensión como la tesitura natural de la persona. En estos casos es necesario repetir la evaluación conforme se vaya trabajando técnicamente y poco a poco ir colocando a la persona en su lugar natural, respetando que se cante siempre de manera cómoda.

▶ Características fónicas: se trata de las características que la voz puede presentar de manera temporal o permanente y que hacen referencia a la resonancia de la voz (cantidad de armónicos presentes en la voz o formantes), timbre vocal, emisión limpia (acoplamiento de las cuerdas vocales), ventilación de la voz (presencia de aire en la voz) y constricción o grado de sobresfuerzo laríngeo.

Además para valorar los progresos técnicos se pueden tener en cuenta los siguientes parámetros:

▶ El tiempo máximo de espiración: cronometrar en segundos el tiempo que se mantiene una [sh] prolongada

▶ El tiempo máximo de fonación: cronometrar en segundos el tiempo que se mantiene una [ah] prolongada

▶ La intensidad: con un sonómetro medir la intensidad máxima y mínima de una nota grave, una nota central y una aguda.

▶ La agilidad: decir un trabalenguas o contar las palabras por minuto de un texto.

Es bueno que el educador vocal o el director del coro, lleve un registro en una ficha de estos parámetros y sean evaluados al menos una vez al año. A continuación se adjunta un ejemplo de documento de clasificación y evaluación vocal que también puedes descargar de manera gratuita en www.labrujuladelcanto.com

Evaluación de la voz. Nombre y apellidos: Fecha:	
Etapa vocal	
Tipo vocal/ subetapa	
Frecuencia fundamental	
Extensión	
Tesitura	
Registros	
Características fónicas	
Tiempo máximo de espiración	
Tiempo máximo de fonación	
Agilidad (trabalenguas)	
Experiencia vocal	
Experiencia musical	
Otra información relevante	

Higiene de la voz

El coro es un ecosistema ideal para explicar tanto a nivel teórico como práctico aquellos factores que afectan a la salud vocal y las posibles patologías que pueden aparecer de un mal uso o un sobre uso de la misma.

La formación vocal coral debe tener en cuenta algunas consideraciones relativas al cuidado y prevención de los principales problemas de la voz, de hecho, ejercitar la voz en un coro es ya una medida de prevención de problemas vocales y de descubrimiento del potencial vocal de las personas. Cantar ayudará a los profesionales de la voz a mantener su voz en forma y a darle mayor flexibilidad y recursos.

A la hora de cantar es importante señalar que no se ha de percibir ningún tipo de dolor o picor en la garganta y que tras el ensayo no se ha de percibir ronquera o aire en la voz, tampoco ningún tipo de disfonía. Si esto sucede puede deberse a:

▶ Una falta de hidratación de las cuerdas vocales que se soluciona bebiendo agua durante el ensayo.

▶ Un exceso de tono muscular a la hora de respirar y/o emitir el sonido que se soluciona ejercitando y flexibilizando el sistema muscular.

▶ Querer cantar demasiado fuerte por no tener desarrolladas las sensaciones internas que produce el sonido de la voz en el cuerpo, es decir, insuficiente desarrollo del esquema corporal vocal que se soluciona con trabajo individual en el que el coralista tiene una retroalimentación de un profesor de canto que le ayuda a distinguir las sensaciones de una correcta emisión y le permite memorizarlas y establecer su esquema corporal vocal.

▶ La interpretación de un repertorio vocal demasiado difícil que exige mayor preparación de la musculatura vocal.

▶ Cantar notas agudas en el registro de pecho (*heavy belting*) que se soluciona trabajando la mezcla de la voz y el establecimiento de la voz mixta. Es conveniente realizar este trabajo en clases de canto individuales si es una práctica mantenida en el tiempo ya que se ha de reconfigurar el esquema corporal vocal de la persona.

Además es conveniente que el director del coro vaya indicando poco a poco aquellos aspectos que se deben controlar para mantener la voz sana o al menos saber detectar las posibles causas de las alteraciones vocales más frecuentes para poder derivarlas a los profesionales sanitarios correspondientes.

A continuación se enumeran los factores de riesgo a modo de lista para que puedan ser tenidos en consideración.

▶ Relativos al mal uso vocal:

- Realizar esfuerzo al hablar o sentir picor o dolor a nivel laríngeo.

- Hablar demasiado o demasiado rápido.

- Hablar a altas intensidades con técnica insuficiente.

- Toser o carraspear.

- Hablar en ambientes ruidosos.

- Cantar con una técnica vocal insuficiente.

- No realizar el calentamiento antes de un uso intensivo de la voz.

▶ Relativos a las emociones:

- Exceso de preocupaciones, estrés y/o ansiedad.

- Problemas afectivos.

- Temperamento agresivo o impulsivo.

- Discusiones y enfados frecuentes.

▶ Relativos a los cambios en el organismo:

- Tendencia a padecer resfriados.

- Exceso de moco por alergias u otros problemas.

- Tabaco y/o alcohol.

- Reflujo gastro-esofágico.

- Problemas de audición.

- Rigidez corporal y falta de flexibilidad corporal. Postura inadecuada.

- Deshidratación.

- Agotamiento, cansancio físico o fatiga.

- Falta de sueño en cantidad y/o calidad.

▶ Relativos a la lubrificación de las cuerdas vocales:

➤ Ambientes secos.

➤ Sequedad de garganta y nariz.

➤ Variaciones bruscas de temperatura.

➤ Contacto habitual con polvo, tiza y disolventes.

➤ Aire acondicionado.

➤ Caramelos de menta que cambian la densidad de la saliva.

▶ Relativos a los factores constitucionales:

➤ Las mujeres tienen mayor riesgo que los hombres por hablar más.

➤ Antecedentes de problemas vocales en la familia (defectos imitados).

➤ Voz peculiar desde la infancia.

➤ Tendencia a padecer disfonías.

➤ Muda de la voz (en niños).

➤ Cambios hormonales: menopausia, embarazos, etc.

Algunos consejos sobre la higiene vocal diaria que debe considerar un cantante son:

▶ En torno al cuidado personal:

➤ Mantener el cuerpo hidratado, tomar al menos de 2.5 a 3 litros de agua al día.

➤ Realizar un calentamiento vocal antes de usar la voz de manera intensiva.

➤ No fumar, no abusar del alcohol.

➤ Mantener una dieta equilibrada y rica en vitaminas A-B-E-D y C.

➤ En casos de excesivo moco realizar lavados nasales o vahos con manzanilla.

- ➢ Mantener una buena pauta de sueño.
- ➢ Evitar comidas picantes y comer copiosamente si después se ha de realizar un uso intensivo de la voz.
- ➢ Tomar caramelos de regaliz, miel, cítricos o jengibre (evitar la menta).
- ➢ Evitar los colutorios que contengan alcohol.
- ➢ Calentar los alimentos demasiado fríos o calientes en la boca antes de tragarlos.
- ➢ Evitar el uso de la voz en estados de agotamiento o en procesos de faringitis y/o laringitis.

▶ En torno al ambiente:

- ➢ Evitar ambientes cargados o poco ventilados.
- ➢ Evitar los cambios bruscos de temperatura.
- ➢ Evitar ambientes excesivamente ruidosos que hagan elevar el volumen de la voz.
- ➢ Evitar respirar los gases de productos de limpieza o disolventes.
- ➢ Humidificar el ambiente.

El desarrollo musical

Los profesores que estén a cargo de la educación musical y vocal de niños y adolescentes y los directores de coro deben conocer de qué manera se produce el aprendizaje musical. La adquisición de las habilidades que permiten la comprensión y la ejecución musical forman parte de un fenómeno complejo que requiere un funcionamiento cerebral muy específico.

Los diferentes estudios empíricos desarrollados por diferentes pedagogos durante el siglo XX que han estudiado las capacidades musicales han concluido que la adquisición de competencias musicales sigue unas pautas de evolución comunes en las que confluyen: las aptitudes personales, la influencia del entorno sonoro más próximo y los estímulos externos dirigidos más o menos conscientemente o lo que se conoce como educación musical. En un coro se va a incidir de manera simultánea en el enriquecimiento del entorno sonoro y en la educación musical.

El entorno próximo es fundamental en la adquisición del conocimiento musical y el desarrollo de determinadas capacidades y habilidades musicales. Para referirse a esta influencia se habla de enculturación. Este concepto hace referencia a la manera en la que la música propia de la cultura en la que se desarrollan las personas produce una adquisición de hábitos y un cierto nivel de desarrollo de las capacidades musicales con independencia de una intervención o intencionalidad educativa previa. Las personas escuchan música constantemente y memorizan letras, melodías, ritmos, son capaces de imitar voces y adquirir ciertas habilidades así como el sentido tonal. Este proceso en el que la persona es capaz de retener los sonidos en su interior, es decir, puede imaginar una canción sin necesidad de cantarla es lo que los pedagogos denominan el desarrollo del oído interior y es fundamental para cantar y para adquirir una conciencia sonora y musical que permita asimilar la música de una determinada cultura. También se ha estudiado que hasta los 5 ó 6 años los niños no son capaces de cantar una canción completa (ritmo, letra, afinación) de su cultura, fenómeno que se denomina estabilidad tonal y ello es debido tanto a factores vinculados al desarrollo del aparato vocal como a los estímulos musicales que se reciben en esta etapa.

Como se ha mencionado, se sabe que este proceso de enculturación no es suficiente para que el aprendizaje musical sea completo. Si los niños no reciben ningún tipo de formación, aproximadamente sobre los 10 años, se produce un estancamiento en el desarrollo de las capacidades musicales. Además existe una ventana biológica de aprendizaje musical entre los 3 y los 10 años. Esto no quiere decir que no se pueda aprender música posteriormente pero al igual que sucede con el lenguaje y otras habilidades es en este periodo cuando el aprendizaje se produce de manera más rápida y consistente. Estas dos razones tienen *per se* suficiente peso para aconsejar el estudio musical en la primera y segunda infancia para asegurar un desarrollo integral de la persona.

Han sido numerosos los autores y pedagogos que han estudiado cómo se adquiere el conocimiento musical. La mayoría de ellos coinciden en la necesidad de una buena formación auditiva, un buen bagaje musical y una vivencia musical a través del canto y del cuerpo como fundamento de ese conocimiento que perdurará en el tiempo.

Si se comprende el proceso de adquisición del lenguaje en un niño es fácil entender cómo se va adquiriendo también el conocimiento musical.

Cuando un niño nace está continuamente recibiendo estímulos verbales (sonoros y emocionales) de su entorno, es decir, está exponiéndose a la experiencia del lenguaje y la comunicación que le despierta el deseo de aprender. Durante más de un año aprende cómo los adultos mueven su boca, su lengua, aprenden a distinguir diferentes tonos de voz y a identificar el estado emocional: gracias a las neuronas espejo son capaces de imitar las posiciones y movimientos y asociarlos con los significados de las palabras. Posteriormente, la necesidad de comunicarse les lleva a articular las primeras palabras; el niño se encuentra preparado para el desarrollo del lenguaje y en poco tiempo realizará combinaciones de dos palabras y posteriormente frases completas. De una manera natural los adultos enseñan a través del ejemplo y corrigen posibles defectos de pronunciación. En este periodo aprenden a controlar con mayor precisión sus órganos articuladores y aprenden vocabulario a una velocidad vertiginosa repitiendo insistentemente cada nueva palabra. Los niños elaboran ese aprendizaje complejo repitiendo pequeños elementos y memorizando para generar automatismos. Es todo un juego de ensayo error que les lleva a dominar la acción de hablar y comunicarse.

Posteriormente el niño se da cuenta de que las palabras se pueden leer y escribir y siente la curiosidad por aprender el código. Paralelamente al aprendizaje de la lectura se produce el de la escritura, primero copiando para posteriormente crear sus propias historias. Es todo fruto de las ganas de aprender y de dominar la acción.

En el caso del aprendizaje musical sucede de manera similar, los niños entran en contacto con la música de su cultura escuchando e imitando gran cantidad de música ya sea cantada por su entorno familiar, en el jardín de infancia, en la escuela, en la televisión, etc. Al igual que sucede con el lenguaje, el niño explora sus posibilidades vocales imitando, combinado e inventando melodías de manera libre y espontánea mientras juega o está concentrado. Por todo esto es vital tener en edades tempranas buenos ejemplos vocales y que el entorno ofrezca numerosas oportunidades de exploración sonora (vocal e instrumental). Si se fomenta esa curiosidad por aprender y descubrir objetos sonoros diversos, adquirirán el bagaje musical necesario que les permita memorizar canciones completas y reconocerlas cuando son interpretadas por otras personas o instrumentos musicales, al mismo tiempo que conocerán de manera intuitiva la estructura de la misma y los elementos que las componen por separado. Este periodo de exposición es primordial para la formación del oído musical y para descubrir la música, sobre todo, a través de la propia voz. Si se anima a los niños a cantar y se les refuerza la acción tal y como sucede con la adquisición del lenguaje, éstos estarán preparados para el aprendizaje formal de la música desde un punto de vista práctico y vivencial. El aprendizaje del código (el lenguaje musical) es una consecuencia y como sucede con la lecto-escritura requiere de un método y una secuenciación adecuada que debe responder a una necesidad de comprensión mayor para mantener la motivación y en interés por el mundo musical.

En un coro, sobre todo en el caso de los niños, la frontera entre la enculturación y la formación musical se diluye ya que el coro se convierte en fuente de estímulos musicales al mismo tiempo que constituye un entorno que favorece la adquisición de competencias musicales. Ayudar a los niños a comprender aquello que ya hacen de manera intuitiva tanto con su voz como en relación a la música es la fuente de inspiración del educador en la primera infancia y el punto de partida sobre el que se ofrecerán nuevas actividades y estímulos.

En coros de adolescentes y adultos, sobre todo en los amateurs, el director se puede encontrar con personas en diferentes fases de desarrollo musical en función de los estímulos musicales recibidos y no necesariamente por una carencia de capacidades. El proceso a seguir en la educación musical deberá plantear una secuencia progresiva que permita a todos sus miembros progresar. Es esencial que el educador vocal identifique el punto de partida en el que se encuentran los participantes con respecto a su desarrollo musical para poder secuenciar y desarrollar diferentes estrategias didácticas, para ello será de gran ayuda el cuestionario de valoración propuesto en el capítulo anterior en el que se pregunta al coralista por las experiencias vocales y musicales previas. En el caso de aquellas personas que no hayan recibido estímulos suficientes como para desarrollar las habilidades musicales y por lo tanto se encuentren en las fases iniciales de su educación musical, la exploración sensorial y el aumento de las capacidades perceptivas de los diferentes parámetros sonoros es prioritaria y debería complementarse con actividades de escucha individuales.

El objetivo del director de coro es aumentar la competencia vocal y musical de sus miembros para permitir un desarrollo completo. En definitiva, el desarrollo musical y cognitivo va a condicionar las maneras

de aprender de los participantes en estas actividades, siendo responsabilidad del profesor conocer aquellos aspectos que van a poder desarrollar-
se en función de la maduración física, mental y musical.

El desarrollo vocal y desarrollo musical es un tándem. Cuando van
a la par permiten el desarrollo musical y vocal integral de la persona y
del grupo pero en el caso de que no vayan acompasados se va a producir una ralentización del proceso de aprendizaje en el coro y a la larga
limitaciones en la capacidad de disfrute y conocimiento musical que
deberán ser tenidas en cuenta a la hora de definir las características de
la agrupación. Por poner un ejemplo, un grupo de músicos sin formación vocal podría interpretar obras de diferentes dificultades pero su
voz no se lo permitirá o viceversa, un grupo de cantores sin formación
musical no podrá acceder a un determinado tipo de repertorio.

En este libro se va a hacer hincapié tanto en la educación vocal del
conjunto como en la educación musical y se van a proponer actividades
que cumplan la doble función con variantes que permitan su adaptación a diferentes contextos y grupos de personas.

2

LA EDUCACIÓN VOCAL Y MUSICAL EN LOS COROS

Las voces son el instrumento, son la fuente sonora y tienen la capacidad de crear música. La música coral es música vocal por lo que el director del coro debe tener en cuenta que el mejor sonido se conseguirá haciendo que las voces suenen de una manera eficiente, con una buena coordinación del aparato fonador y respetando la maduración física y mental de los cantantes. La profundización y el conocimiento sistematizado de la voz se produce gracias a la capacidad de conceptualizar lo corpóreo en tanto a movimientos, sensaciones, estímulos auditivos, etc. La voz, como instrumento, como cuerpo crece, cambia, se modifica, evoluciona y por lo tanto, este hecho, ha de tenerse en cuenta a la hora de configurar un buen esquema corporal vocal.

Cantar en grupo no entraña ningún peligro si la persona que está al frente entiende que el aprendizaje del canto es un proceso sistemático y que da resultados a medio y/o largo plazo y sobre todo, en los coros con menor experiencia, pone en primer lugar la construcción del esquema corporal vocal y adapta el resto de decisiones a la consecución del objetivo vocal.

El ambiente para el aprendizaje debe ser siempre positivo y constructivo. Hacer cantar a los coralistas de manera forzada tan sólo provocará frustración que, a su vez, mermará las ganas de implicarse en el proyecto y el propio proceso de aprendizaje.

Es conveniente resaltar que el concepto de empaste del sonido puede hacer peligrar la salud vocal de los coralistas por inducirles a imitar un sonido que fuerce su naturaleza, por querer inhibir el volumen de su voz en el caso de cantantes que aún no controlen de una manera precisa la intensidad o forzar los extremos de la voz: demasiado agudo o grave, demasiado piano o fuerte, demasiado rápido o lento… El director debe animar a mejorar su función vocal, su manera saludable de cantar y respetar en todo momento las limitaciones que se puedan presentar.

Los coros son un espacio de crecimiento cultural y los directores tienen el deber de comprender a la perfección las necesidades tanto vocales como musicales que el grupo pueda tener en cada momento. En esta segunda parte se propone una metodología de trabajo integral en la que se presta atención a ambos aspectos de la balanza formativa y se proponen actividades que pueden ser realizadas con un doble objetivo (musical y vocal) de manera simultánea.

El capítulo se subdivide en tres apartados: uno en el que se detallará el trabajo relativo a la educación vocal y que comprende una serie de ejercicios que permitirán una adquisición de un adecuado esquema corporal vocal; una segunda parte relativa a la educación musical con actividades para favorecer el aprendizaje del lenguaje musical y del repertorio y finalmente un apartado sobre cuestiones metodológicas que comprende el desarrollo del trabajo en grupo.

Cuando se describen los diferentes tipos de ejercicios se ofrecen, a su vez, variantes que pueden ser tenidas en cuenta en diferentes momentos y que harán que la práctica sea variada y amena y estimuladora de la creatividad.

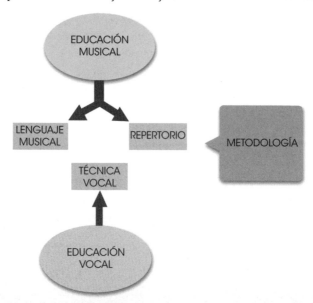

Educación vocal

La pedagogía del canto moderna se basa en el conocimiento científico del funcionamiento de la voz y en el establecimiento de una buena función vocal compatible con la salud de la persona. El educador vocal del coro debe conocer cómo funciona la voz conceptualmente pero también empíricamente sabiendo ejecutar y reconocer diferentes sonidos que serán tomados como ejemplo y serán imitados por el grupo. Además debe saber que es posible hacer un diagnóstico de la función vocal y una prescripción de aquellas actividades que van a constituir el entrenamiento vocal encaminado a conseguir un equilibrio de la misma a largo plazo y que, como ya se ha explicado, está fundamentado en los principios de postura, respiración, emisión, resonancia y articulación.

Si bien es cierto que la imitación es un recurso pedagógico esencial en el trabajo vocal de un coro, las actividades han de estar fundamentadas en la comprensión del proceso de adquisición de una adecuada y equilibrada función vocal. Este proceso se produce en espiral, es decir, se va profundizando en el conocimiento mental y físico de la voz y sus principios aumentando la capacidad de sentir, producir y percibir el sonido cada vez con mayor sensibilidad y precisión. Es importante explicar, además, a aquellas personas que se acercan al mundo del canto, que la adquisición del esquema corporal vocal compatible con una función vocal equilibrada es una realidad cambiante para que poco a poco vayan siendo más conscientes y mejoren su capacidad perceptiva.

El aprendizaje del esquema corporal vocal es un fenómeno individual y se produce de una manera progresiva que va pareja a un adecuado desarrollo de la musculatura implicada en la fonación y a un establecimiento de conexiones neuronales que hacen que cantar con una técnica adecuada, progresivamente, se convierta en una "segunda naturaleza" para la persona. Para lograrlo, el director debe realizar una secuenciación del entrenamiento vocal que permita que los cantantes puedan experimentar nuevas sensaciones con el fin de poder compararlas con el desempeño vocal previo y puedan conceptualizar dichas sensaciones para poder instrumentalizar su práctica vocal. Es decir, los coralistas, mediante los ejercicios propuestos, deben en primer lugar entender para qué se hacen, en segundo lugar entender cómo se han de realizar y en tercer lugar observar el resultado para así aumentar el sistema de percepción y poder diferenciar la mejora que provoca el ejercicio para posteriormente poder repetirla tantas veces como sea necesario a fin de integrarla en su práctica cotidiana.

Desde el punto de vista didáctico es muy importante realizar una aproximación a la técnica vocal dinámica y diversa al mismo tiempo que rigurosa. Por otro lado, la concepción holística del trabajo vocal-musical hará que el trabajo de la técnica vocal no se reduzca únicamente a los minutos iniciales de calentamiento vocal como algo separado del resto de la práctica sino como una herramienta que permitirá asumir retos vocales crecientes y motivadores. No hay nada más frustrante que repetir incesantemente un fragmento musical en el que existen dificultades técnicas que no se resuelven, bien por la falta de enfoque del director, bien por la inexperiencia de los coralistas.

Es fundamental realizar de un precalentamiento vocal antes de realizar un trabajo vocal intenso como el que se produce en un ensayo o concierto y ha de ser correctamente diseñado para mantener y profundizar en el esquema corporal vocal. Los minutos iniciales de calentamiento al inicio del ensayo son una oportunidad fabulosa para explorar el cuerpo, la mente y la voz, así como aprender y asimilar conceptos de lenguaje musical. Además es posible y recomendable afrontarlos desde un punto de vista creativo.

Un buen calentamiento debe perseguir los siguientes objetivos: activar la respiración, evocar los patrones musculares implicados en la emisión, resonancia y articulación, trabajar dificultades técnicas de las obras y/o trabajar el sentido de las obras y el mensaje emocional de las mismas.

Hay que diferenciar entre el calentamiento de coralistas que poseen competencia vocal y una buena función vocal de aquellos que no. En el primer caso, el calentamiento será una rutina de activación de los procesos; en los segundos, el trabajo deber dirigirse a ofrecer recursos y actividades que aumenten la competencia vocal y para ello el director debe hacer un intenso trabajo de observación, diagnóstico y diseño de las actividades.

La postura

Los músculos posturales guardan una íntima relación con la respiración atendiendo a la configuración de las fascias y al antagonismo muscular.

Las fascias son el tejido conectivo que recorre todo el cuerpo y, como su nombre indica, conectan, recubren, protegen y dan sostén al esqueleto y a los tejidos blandos (tendones y músculos) en distintas capas o niveles. Si se acortan se generan tensiones, dolores musculares y restricción en los movimientos. El acortamiento se puede producir por la fuerza de la gravedad, lesiones, traumas emocionales y estrés.

El cuerpo debe poseer la suficiente energía motriz para mantener un tono muscular adecuado a las necesidades de la función vocal y para mantener la actividad necesaria para alimentarla. El cuerpo, en términos generales, se organiza para estar equilibrado, utilizar las fuerzas motrices de manera económica y no sufrir, es decir, tener un confort. Si se produce un determinado desequilibrio, el mismo cuerpo tenderá a compensarlo y este sistema de compensaciones musculares puede afectar tanto a la musculatura implicada en la respiración como en el equilibrio cabeza-cuello que afectará a al emisión, la resonancia y la articulación.

El cantante debe ser consciente de la tonicidad muscular y de la profunda conexión entre la percepción y la acción que permite formar estructuras conceptuales básicas en relación con la actividad que se realiza. La búsqueda de este equilibrio evitará tensiones innecesarias o compensaciones en diferentes partes del cuerpo. Es importante que los coralistas mejoren la percepción de su realidad estructural para poder identificar tanto las sensaciones que se tienen a la hora de cantar y las posibilidades de movimiento de las estructuras corporales implicadas en la fonación, como en la percepción de la propia estabilidad y equilibrio general del cuerpo entendido de manera global.

En relación al tándem cuerpo-mente es esencial que los propios pensamientos trabajen a favor de las acciones que queremos realizar y por ello es interesante explicar a los coralistas que un exceso de evaluación y juicio mientras se canta les va a alejar del placer de hacerlo. Está muy bien tener conciencia de aquello que se hace y cómo se hace como recurso personal para la mejora, pero una vez se han automatizado los procesos musculares del canto la persona se debe centrar en el mero acto de cantar.

La práctica de Técnica Alexander, Técnica Feldenkreis, Rolfing, Yoga, Pilates o Tai-chi son muy recomendables si se ha de corregir la postura y aumentar el grado de auto-conciencia corporal y mental.

▶ **EXPERIMENTO:** Marioneta de hilos

Con la ayuda de una marioneta de hilos se puede mostrar la necesidad de una alineación corporal en la que la cabeza encuentre un perfecto equilibrio y repose sobre la primera vértebra buscando una elongación de la columna. También se puede mostrar la necesidad de dirigir el movimiento iniciando su dirección desde la cabeza y experimentando como el resto del cuerpo sigue el movimiento iniciado, es decir, si la cabeza se gira hacia la derecha llegará un momento en el que le sigan los hombros, la cintura, las piernas…

▶ **EJERCICIO 1:** Sentados

Los coralistas pasan gran parte del ensayo sentados. Aprender a sentarse de manera que la musculatura implicada en el gesto respiratorio no se encuentre acortada o descompensada e impida la coordinación neuromuscular del proceso fonatorio es fundamental.

Sobre los isquiones y apoyando los pies en el suelo se ha de tener una sensación de verticalidad y permitir que la espalda permanezca erguida y el tórax abierto. Es importante percibir el apoyo en los pies para permitir que la musculatura de la espalda trabaje adecuadamente. El director debe supervisar permanentemente que los coralistas no se encorven y canten con el cuerpo encogido. Si se emplean atriles en los ensayos, éstos deben estar a una altura tal que permita que el coralista no acorte la musculatura de la espalda y del cuello.

▶ **EJERCICIO 2:** De pie

Cuando se canta de pie es necesario sentir el anclaje de los pies al suelo, las rodillas flexibles, el tórax expandido y el mentón entrado.

Generalmente se suele elevar el mentón produciéndose un estiramiento innecesario en el cuello, como queriendo alcanzar las notas agudas. El director debe prestar atención a este hecho y ayudar a los coralistas diciéndoles que fijen la mirada en un punto que les permita mantener una posición equilibrada de la cabeza con el mentón ligeramente entrado hacia el pecho.

Las rodillas no deben hiperextensionarse porque producen acortamiento de la musculatura del tronco y el tórax. En el caso de tener que sostener con las manos las partituras se ha de evitar el encorvamiento de la espalda.

En el caso de notar demasiada rigidez es conveniente introducir leves balanceos o movimientos mientras se canta.

▶ **EJERCICIO 3:** El escáner

Se trata de un ejercicio de relajación y toma de conciencia corporal del propio cuerpo y permite al coralista configurar una autoimagen del estado del mismo. Se puede hacer en posición sentada o acostados boca arriba en posición semisupina.

Los coralistas cierran los ojos y entran en contacto con su respiración pasiva, es decir, toman el aire y se vacían en la espiración sin implicar de manera activa los músculos espiradores, de manera que en cada espiración sientan que el cuerpo pesa más y más.

El director explica que han de tomar conciencia de las partes del cuerpo como si estuviera pasando un escáner de luz que va a ir de arriba a abajo y después de abajo a arriba y que va a pasar muy lentamente. En un tono de voz tranquilo y lento, y si lo desea, con música de fondo que incite a la relajación que puede incluir sonidos de la naturaleza, va detallando las partes del cuerpo por las que pasa el escáner:

Coronilla, frente, cejas, ojos, orejas, nariz, boca, mentón, cuello, laringe, hombros, antebrazo, codos, brazos, manos, dedos, pecho, esternón, diafragma, ombligo, caderas, coxis, piernas, rodillas, tobillos, talones, dedos de los pies.

▶ **EJERCICIO 4:** El espejo

Este ejercicio puede tener variantes en función de las partes de cuerpo que se quieran explorar o sensibilizar. Es una manera amena de introducir el trabajo corporal en el ensayo. Se puede hacer de varias maneras:

➤ El director va haciendo un movimiento que el resto del grupo imita.

➤ Se colocan los coralistas por parejas de manera que uno imita la acción del otro de manera alterna.

Las zonas que se pueden sensibilizar con este ejercicio son:

➤ Cara: mirada hacia varias direcciones, arrugar la nariz, poner la boca como si se fuera a dar un beso, abrir la boca desde la articulación mandibular, sacar la lengua todo lo que se pueda, mover la lengua dentro de la boca, llenar las mejillas de aire, mover los labios a ambos lados.

➤ Cuello: hacer rotaciones del cuello, moverlo hacia delante y hacia atrás, hacia la derecha y hacia la izquierda.

➤ Tórax y brazos: abrir y cerrar los brazos, levantar y bajar los brazos, subir y bajar los hombros, cogerse las manos por delante y estirar los brazos, cogerse las manos por detrás, inclinar el tronco a un lado y al otro acompañándolo o no de los brazos.

➤ Manos: señalar, abrir y cerrar las manos, hacer juegos con los dedos.

➤ Parte inferior del tronco y piernas: rotar la cadera, mover la cadera a un lado y a otro, levantar las rodillas de manera alterna, cruzar las piernas dando un salto.

➤ Pies: ponerse de puntillas, de talón, hacer giros de tobillos alternos, estirar el empeine.

▶ **EJERCICIO 5:** El masaje

Para percibir el estado muscular del cuerpo se puede practicar un pequeño masaje en el comienzo del ensayo que ayudará a percibir el antes y el después del tono muscular. Este tipo de actividad sirve también para generar confianza en el grupo.

Se puede hacer uno o varios tipos de toque:

➢ Con las yemas de los dedos presionando ligeramente. Para los niños más pequeños se puede decir que hay que imaginar que nos ponemos crema o se enjabona para que acaricien con suavidad.

➢ Con la palma de la mano hueca dando ligeros golpecitos. Para los más pequeños se puede decir que tienen que hacer un cuenco con la mano y después hacer como si tocaran un tambor suavemente.

➢ Con las yemas de los dedos casi sin tocar la superficie. Para los niños hacerles imaginar como si fueran pequeñas gotas de lluvia.

Y existen varias variantes para practicar en grupo:

➢ El automasaje: cada miembro se masajea la cara, la frente, el cuello, los brazos.

➢ El masaje en cadena: cada miembro del grupo masajea primero al compañero de su derecha y después al de su izquierda. El profesor va indicando las zonas a masajear y el tipo de toque que se debe aplicar.

➢ El masaje de tres en tres: uno recibe el masaje con los ojos cerrados y los otros dos lo hacen a la vez. Se puede guiar o hacerlo libre.

▶ **EJERCICIO 6:** El ángel y el diablo

Cuando las personas se proponen aprender cualquier disciplina aparece una lucha entre lo que llamaríamos un ángel y un diablo. Son dos partes de nuestra mente que equilibradas nos llevan a tener una conciencia realista de las situaciones. El problema aparece cuando el diálogo de uno predomina sobre el del otro.

El ángel es la parte de la mente que invita a la persona a superarse, a valorar los logros, a reconocer los errores como oportunidades de aprendizaje, a alegrarse por el mero hecho de intentar hacer las cosas. El diablo es aquella parte que invita a abandonar, a quedarse estático, a decir cosas del tipo: "esto es muy difícil", "no lo vas a lograr", "para qué te esfuerzas si no lo vas a conseguir"… y un largo etcétera.

Es necesario que los coralistas aprendan a equilibrar su diálogo interno y conjuguen la acción de ambas partes para poder hacer del canto una actividad placentera. Para ello, al diablo hay que mantenerlo ocupado otorgándole mentalmente tareas como: supervisar el gesto de la respiración, abrir la boca, recordar la letra, recordar las entradas complejas, mirar al director, escuchar al resto del grupo, etc., de manera que el diálogo negativo no predomine sobre el positivo.

▶ **EJERCICIO 7**: Visualización

Visualizar no es más crear con la mente imágenes que evoquen una determinada realidad. Cada vez se emplean más técnicas de visualización tanto entre los deportistas como en los músicos para evocar patrones motrices. Es decir, imaginar que se está realizando una determinada actividad pone a funcionar las conexiones neuronales tal y como si se estuviera haciendo realmente. Es una herramienta poderosa también para trabajar el miedo escénico ya que se si se genera una primera experiencia positiva imaginada, el cerebro podrá sustentar la realidad sobre ese recuerdo mental evitando que se activen los mecanismos fisiológicos del miedo ante nuevas situaciones.

El poder de la mente entra en acción con este tipo de actividades pero ha de prestarse atención a una serie de consideraciones:

➢ Cuando el director guía con sus palabras la visualización, las frases han de formularse en afirmativo. El cerebro asimila mejor los mensajes positivos.

➢ Se ha de hablar despacio, en un tono relajado y dejando tiempo para que los participantes puedan imaginarse en la situación. Es recomendable hacer pausas suficientes, por ejemplo, contando internamente hasta cinco entre una frase y otra para permitir la evocación de la situación.

➢ Es bueno al finalizar dejar unos minutos de silencio y relajación para poder asentar las experiencia y salir física y mentalmente de la situación.

➤ Se puede hacer sentados o tumbados en posición semisupina, con música de fondo relajante, si es posible.

Los participantes cierran los ojos y se concentran en su ritmo de respiración de manera que van aquietándolo. Se puede comenzar haciendo el ejercicio de relajación del escáner antes de comenzar la visualización.

Un ejemplo de visualización sería el siguiente:

➤ Me encuentro tranquilo, siento que mi cuerpo pesa y mi respiración es pausada. (Pausa)

➤ Disfruto mientras canto con mis compañeros y siento una gran alegría y felicidad. (Pausa)

➤ Mi voz suena con facilidad y saboreo cada frase de la canción que estoy cantando que recuerdo con facilidad conforme va transcurriendo. (Pausa)

➤ Fluyo y me siento plenamente concentrado mientras canto y disfruto de la experiencia. (Pausa)

➤ Recibo con alegría los aplausos del público presente. (Pausa)

Tras la visualización es interesante que se comparta la experiencia y los participantes verbalicen si su cuerpo ha manifestado algún síntoma de miedo escénico (taquicardia, sudoración, etc.). El hecho de hablar de los miedos ayuda a la persona a integrarlos y superarlos y además ayuda a cohesionar al grupo.

La respiración

Es preciso explicar que hay dos maneras de respirar:

▶ La respiración en la que la espiración, la salida del aire de los pulmones, es pasiva, es decir, el aire sale de golpe, sin ser dosificado. Es la respiración que empleamos cuando no se produce sonido.

▶ La respiración de la fonación, es decir, aquella en la que la espiración es activa, es decir, se controla la salida del aire de manera que se genera una columna de aire que se mantiene en el tiempo gracias a la acción de los músculos espiradores (recto del abdomen, oblicuos, piramidal y trasverso).

La respiración a la hora de cantar es como la electricidad de un equipo de música. Si no se es capaz de mantener una columna de aire a una determinada presión durante un determinado periodo de tiempo, la emisión será siempre deficiente.

El gesto respiratorio en el canto se aprende, pretender que se activen espontáneamente los procesos musculares del control de la espiración es una idea errónea. Para cantar se necesita un control muscular más preciso e intenso que para hablar.

Para poder trabajar el manejo del aire espirado es esencial entender que se trata de un gesto en el que durante la espiración se activan los músculos abodminales que controlan el ascenso progresivo del diafragma y que ejercen una presión negativa en los pulmones.

Además hay que asumir la alternancia tensión-relajación y ser conscientes de que el momento de inspiración se produce cuando esos músculos espiradores se relajan y se permite que la expansión de los pulmones absorba el aire como si de una esponja se tratara.

▶ **EXPERIMENTO:** Botella con globo para entender la respiración activa

Este experimento va a permitir que los coralistas entiendan el gesto de la respiración basado en el proceso físico por medio del cual la presión negativa que se realiza en los pulmones con la ayuda de los músculos espiradores hace que simplemente relajándolos y manteniendo la apertura de la caja torácica se permita la entrada del aire nuevo en los pulmones.

➤ Material: Botella de agua transparente, pajita, dos globos, celo, una bolsa de plástico.

➤ Construcción: Se recorta la parte inferior de la botella de plástico. Se une uno de los globos con la pajita con ayuda de papel celo. Se introduce la pajita unida con el globo por la

parte inferior de la botella. Se recorta el otro globo, se toma
la parte inferior y se hace un pequeño orificio. Se pasa la
pajita por la boca de la botella, se pasa el globo y se sella la
parte superior de la botella. Se sella la parte inferior de la
botella con la otra bolsa.

Con este sencillo experimento se pueden explicar las dos maneras de respirar:

> La respiración pasiva es aquella en la que soplamos por la
pajita y el globo (que simula el pulmón) se hincha; al dejar
de soplar el globo, éste se vacía rápidamente sin que exista
ningún tipo de control en la espiración, es decir, lo que sucede cuando no emitimos sonido.

> La respiración activa es la que usamos para emitir sonidos;
si vamos arrugando progresivamente la bolsa que hemos colocado en la parte inferior de la botella veremos que el globo
se va encogiendo y vaciándose de aire. Este "arrugar la bolsa" se corresponde con la acción de los músculos espiradores. Cuando soltamos de golpe la bolsa, que equivale al momento de la relajación de los músculos espiradores, el globo
se llena de manera automática.

▶ **EJERCICIO 8:** La inspiración costo-diafragmática

El experimento anterior muestra por qué se debe entrenar la respiración costo- diafragmática. La respiración costal nos permite mantener la apertura flexible de la caja torácica necesaria para permitir
que el aire entre sólo cuando se relaje la musculatura abdominal. La
respiración diafragmática nos permite el control muscular del recto

del abdomen y de toda la cincha abdominal para que el ascenso del diafragma sea progresivo.

Una manera de sensibilizar las zonas donde ubicar el aire es sentarse plegando el tronco sobre las rodillas y percibiendo que se moviliza el vientre y la parte posterior de la espalda. En esta postura es imposible que se produzca la elevación de los hombros.

Para percibir la apertura de la caja torácica se recomienda llenar globos y percibir la necesidad de que ésta se mantenga abierta justo cuando se vence la resistencia que muestra el globo al principio y al mismo tiempo que impulsa el aire desde la musculatura abdominal.

▶ **EJERCICIO 9**: El soplo

Controlar la columna de aire y su continuidad en el tiempo no es más que controlar el soplo y relajar la musculatura cuando uno se queda sin aire. Si se aprende a controlar el soplo de manera que el chorro de aire sea fino, frío y continuo se estarán estimulando los músculos espiradores. Se pueden emplear diferentes elementos o juguetes para practicar el soplo y controlarlo.

➤ Hacer pompas de jabón lo más grandes posibles.

➤ Hacer sonar un matasuegras. En función de la presión de aire aplicada se estirará o no y sonará más grave o más agudo.

➤ A los niños se les puede decir que tienen que soplar como el lobo del cuento de los tres cerditos.

▶ **EJERCICIO 10**: Ts, ts, ts infinito…

Este ejercicio permite flexibilizar el movimiento de las costillas y del abdomen, al mismo tiempo que se percibe el gesto de la respiración, ya que este ejercicio se puede realizar de manera infinita porque se van tomando pequeñas cantidades de aire en cada [ts].

Se ha de imaginar que se imita el sonido de un tren o la llamada a un camarero, no se produce un sonido afinado.

Este ejercicio tiene numerosas variantes:

➢ Que todo el grupo lo practique sobre un mismo patrón rítmico, primero más lento y después más rápido.

➢ Que cada miembro del coro invente un patrón rítmico y el resto lo imite. Especialmente importante para romper la barrera creativa y exploratoria del grupo.

➢ Que cada tipo de voz haga un ritmo. Esta variante es especialmente interesante para trabajar polirritmias o cómo se solapan diferentes células rítmicas.

➢ Cantar interiormente la canción mientras se realiza ts, ts, con el mismo ritmo de la canción. Ayuda a trabajar la precisión rítmica del grupo y a memorizar la canción ya que se pone en funcionamiento la audición interior. Se puede hacer a una o varias voces.

▶ **EJERCICIO 11:** Viento, abejas y serpientes

Consiste en mantener el máximo tiempo posible los fonemas:

➢ [s] para el viento

➢ [z] para las abejas

➢ [sh] para la serpiente

Es un buen ejercicio para los más pequeños que puede ser incluido en una historia. En el transcurso del cuento se incluirán estos sonidos para realizar un calentamiento vocal ameno y divertido. Se puede reforzar la actividad con el uso de dibujos en cartulinas para indicar el sonido a realizar en cada momento.

▶ **EJERCICIO 12:** La pajita

Recomiendo que los coralistas lleven al ensayo una pajita por lo que de útil tiene para trabajar la técnica vocal.

El ejercicio tiene dos variantes:

➢ Soplar a través de la pajita y relajar la musculatura cuando el aire se acabe. Sirve para comprobar la continuidad de la columna de aire mientras se realiza el gesto respiratorio, el tiempo durante el cual se dosifica el aire y la cantidad del mismo. Si el aire se entrecorta quiere decir que se está ofreciendo demasiada resistencia (falta de coordinación y flexibilidad), si dura poco tiempo quiere decir que los músculos espiradores no se están activando convenientemente o que se está sacando demasiada cantidad de aire.

➤ Si los coralistas llevan una botella de agua pueden, con la pajita, hacer burbujas pequeñas (no se han de oír) de manera continua hasta que se queden sin aire, después han de tomar consciencia en la relajación de los músculos del abdomen y deben permitir que el aire entre, preferiblemente por la boca, sin hacer ningún tipo de esfuerzo.

Si se entrelazan al menos tres o cuatro ciclos se toma conciencia del gesto de manera global y al estimularlo será más rápido establecer una buena coordinación fono-respiratoria.

La emisión

La emisión se produce cuando el aire pasa a través de las cuerdas vocales que se encuentran dispuestas para emitir una determinada frecuencia. En una correcta emisión, compatible con la salud vocal, se produce una buena coordinación fono-respiratoria, o, lo que es lo mismo, un buen equilibrio entre el aire espirado y la acción de las cuerdas vocales.

Es muy importante trabajar este equilibrio fono-respiratorio en toda la tesitura de la voz y para ello hay que tener en cuenta que las cuerdas vocales varían su longitud y la superficie de contacto según se realicen notas graves o agudas al igual que sucede en los instrumentos de cuerda (por ejemplo, guitarra o violín) en los que las cuerdas finas producen sonidos agudos y las cuerdas gruesas producen sonidos graves. Es fundamental destacar que sólo desde una perspectiva que mantenga la libertad y la flexibilidad de la musculatura laríngea se puede desarrollar todo el potencial de la voz.

El ataque hace referencia al inicio del sonido, puede ser: simultáneo (existe un equilibrio entre la presión del aire y la constricción de las cuerdas vocales), aireado (las cuerdas vocales tienen un déficit de constricción y se escapa parte del aire espirado) o duro/glotal (las cuerdas vocales tienen un exceso de constricción y cuando se inicia el sonido se produce ruido a nivel laríngeo). Los dos últimos se emplean de manera puntual como efecto en música moderna pero no se debe abusar de ellos. El deseable y compatible con la salud vocal es el simultáneo.

Los registros se definen por el tipo de patrón vibratorio de las cuerdas vocales, las notas que se pueden emitir y el sonido característico propio. Se han estudiado cuatro registros: vocal *fry*, pecho o *low*, cabeza o *high* y silbo. Los registros más comunes son el de cabeza y el de pecho. El de silbo aparece sólo en algunas personas y el vocal *fry* se emplea más como un recurso y/o efecto vocal en música moderna.

Centrándonos en el registro de pecho y cabeza es necesario entender que una emisión sana y equilibrada se produce cuando la persona aprende a unificar o mezclar esos dos mecanismos con el fin de que la voz suene con un timbre homogéneo desde la nota más grave a la más aguda. Es lo que se conoce como el balance, la mezcla o el equilibrio de los registros y tiene como resultado la configuración de la voz mixta que es esencial para mantener la voz sana y permitir su evolución natural, es decir, para configurar un adecuado esquema corporal vocal a lo largo de toda la vida. El registro de pecho añade calidez al sonido, el de cabeza añade brillo, ambos componentes producen un sonido pleno y resonante que se proyecta con facilidad. Para producir la unión de los registros es preciso entender que para que las cuerdas se estiren se debe producir una inclinación de la laringe que permitirá aumentar la tensión de las cuerdas sin sobrecargar el resto de la musculatura. La configuración de la voz mixta es lo que va a permitir cantar cualquier estilo musical teniendo en cuenta cuestiones estilísticas que van a tener que ver con la tesitura en la que se canta, los efectos y tipos de ataques vocales, los tipos de vibrato, etc.

Los chicos desarrollan en la adolescencia su registro de cabeza o falsete. Estas notas poseen una cualidad aireada debido a un funcionamiento de las cuerdas vocales diferente porque los aritenoides se elevan haciendo que las cuerdas vocales se pongan rígidas y adelgacen. En la adolescencia es importante que los chicos exploren su falsete como paso previo al trabajo de la voz mixta en el registro agudo y conserven la capacidad de emitir las notas agudas de las dos maneras.

Es esencial explicar a los cantantes cómo se perciben los sonidos a nivel de sensaciones propioceptivas ya que si intentan mantener la misma sensación en toda la tesitura se encontrarán con que forzarán la parte aguda. La percepción de los diferentes registros y su mezcla despierta sensaciones diferentes. Por ejemplo, la percepción interna del sonido en la parte aguda es "como si fuera un gatito" cuando se hace bien y sin embargo el resultado exterior es un sonido pleno y homogéneo con el resto de la voz.

▶ **EXPERIMENTO:** El globo que canta

Si tomamos un globo lleno y estiramos más o menos el conducto de la salida del aire, veremos que el paso del aire con presión a través del estrechamiento que provocamos produce sonidos más graves con una mayor longitud y sonidos más agudos con menos longitud.

▶ **EJERCICIO 13:** La ubicación de la laringe

Poniendo un dedo sobre la laringe (cartílago tiroides o nuez de Adán) se puede percibir la vibración al hablar o cantar.

La inclinación de la laringe hacia delante es necesaria para que las cuerdas se vayan estirando mientras se llega al registro agudo y se puede percibir cantando una tercera (1 3 1) o cuando se hace una sirena ascendente o, lo que es lo mismo, un *portamento* ascendente.

También se puede percibir su movimiento al tragar (sube y baja), al bostezar (cómo desciende) o si se aspira el aire hacia dentro (cuánto desciende). A la hora de cantar la posición de la laringe se ha de mantener relajada y suspendida, ni alta ni baja, y estable y flexible para permitir los pequeños movimientos de toda la estructura laríngea. La altura ideal de la laringe en el cuello nos la da la risa a carcajadas.

▶ **EJERCICIO 14:** La frecuencia fundamental de la voz hablada

Es esencial que los coralistas y el director tengan un referente, un punto de partida, para empezar a hacer los ejercicios vocales. Éste es lo que se conoce como frecuencia fundamental de la voz hablada, o lo que es lo mismo, la nota más común cuando se habla. Se puede averiguar contando desde 20 hasta 1 y después buscando la nota en un teclado. Si siempre se comienzan los ejercicios a partir de esa frecuencia fundamental se favorecerá un desarrollo muscular equilibrado.

Es importante que el director sepa las diferentes frecuencias fundamentales a la hora de ensayar con voces mixtas, de manera que pueda ir indicando cuándo deben sumarse a los ejercicios las voces más agudas y cuándo han de dejarlos las más graves.

Durante la adolescencia, la variación de la frecuencia fundamental en el habla es un indicativo clave para saber en qué fase de la muda está el coralista y, por lo tanto, ayudará al director a ubicarlo en función de la etapa de la muda vocal en la que se encuentren.

▶ **EJERCICIO 15:** Trino de lengua o labios

Una emisión sana se fundamenta en una buena coordinación fono-respiratoria, o, lo que es lo mismo, un equilibrio entre la acción de las cuerdas y el aire espirado. Con el ejercicio del trino de lengua o de labios, que no es otra cosa que el sonido que se hace cuando se quiere imitar el sonido de un motor [br] o [r], si existe una regularidad en la batida de los labios o la lengua (según la variante) se está produciendo una emisión equilibrada. Si el ejercicio está bien hecho se notarán cosquillas alrededor de los labios y cerca de la nariz. Es uno de los mejores ejercicios de coordinación para los niños ya que puede ser incluido en una historia puesto que se puede equiparar con el sonido de un motor.

Este ejercicio tiene múltiples variantes:

➤ Emitir desde la nota más grave a la más aguda.

➤ Emitir desde la nota más aguda hasta la más grave.

➤ Cantar un grupo de notas: 5 4 3 2 1.

➤ Cantar una frase musical de esta manera.

➤ Inventar una melodía y que el grupo la repita.

▶ **EJERCICIO 16:** Cantar a través de la pajita

Este ejercicio permite realizar una emisión equilibrada y aprender a conducir el aire en toda la voz. Es una herramienta esencial para la configuración de la voz mixta. También ayuda a entender el concepto de *legato*, o cantar ligado, es decir manteniendo la continuidad en la columna de aire sin notar tensión alguna a nivel laríngeo. Si mientras se canta sale aire por el extremo se puede estar seguro de que existe una buena coordinación fono-respiratoria. Con este ejercicio también se consigue aumentar la percepción de las sensaciones propioceptivas en la cara ya que se activan los espacios de resonancia de una manera más intensa y se siente la vibración de manera más localizada.

Al igual que en el ejercicio anterior se puede realizar con múltiples variantes:

➤ Manteniendo una sola nota. Sirve para practicar la continuidad del sonido cuando se ha de respirar por relevos (una cuerda hace una nota larga que dura varios compases y cada miembro de la cuerda respira en un momento diferente para producir el efecto de sonido continuo).

➤ Haciendo acordes y sus resoluciones.

➤ En un ejercicio de vocalización tipo 5 4 3 2 1 ó 1 3 5 3 1.

➤ En una frase musical de una obra determinada.

▶ **EJERCICIO 17:** Silbar

Silbar es un potente recurso para emplear en un coro puesto que es un fiel reflejo de buena coordinación fono-respiratoria y ayuda a ejercitar las cuerdas vocales. Se puede emplear para calentar la voz o para cantar alguna canción o improvisar una melodía con una base rítmica. Se debe animar a silbar por los beneficios que tiene también a la hora de memorizar melodías y canciones.

▶ **EJERCICIO 18:** Mmmm (que bueno!)

Cuando se piensa en el sonido que hacemos cuando pensamos en algo sabroso se percibe la vibración en los pómulos. Es una referencia esencial para entender que cuando existe una buena coordinación fono-respiratoria el aire transformado en ondas sonoras incide en las cavidades de resonancia y que si se mantiene esa sensación mientras se canta se produce el sonido de una manera eficiente.

Una variante sería conservar esa sensación cantando una breve melodía con la boca cerrada pensando en una [m]. Es también un recurso que se emplea en la música coral cuando una parte del coro canta una armonía y hay una voz que interpreta una melodía.

Para los niños se puede decir que tienen que imitar el mugido de una vaca.

▶ **EJERCICIO 19:** El inicio del sonido: la pipa de aire

El inicio del sonido, también conocido como el ataque, es esencial para una adecuada emisión. Si la presión de la columna de aire se ajusta con la posición de las cuerdas vocales y se produce un ataque equilibrado, la emisión será libre y sin tensiones.

En caso contrario, pueden darse dos posibilidades: emisión con una excesiva o deficiente presión subglótica. En el primer caso, cuando existe un exceso de presión subglótica, se produce un ataque forzado que tiene como resultado una emisión dura y tensa. Si este tipo de ataques se mantienen en el tiempo se corre el riesgo de que las estructuras laríngeas se hagan rígidas y la tensión se transfiera a los órganos articuladores (lengua, mandíbula, labios, etc.) dotando de una excesiva tensión a todo el aparato fonador. En el segundo caso, si el ataque no tiene una suficiente presión subglótica, la emisión será pobre y en muchos casos con aire y poco resonante por no alcanzar la columna de aire los espacios de resonancia faciales.

Como ejercicio de sensibilización del impulso que se debe realizar con la musculatura del abdomen se propone usar la pipa de aire de manera que la pelota se levante directamente a una determinada altura y se mantenga el máximo tiempo posible a esa altura.

Tras practicar con la pipa de aire y sentir la musculatura abdominal implicada haz los siguientes ejercicios:

Para practicar los ataques es importante percibir que el inicio del sonido se produce a la altura de los pómulos (ejercicio de "Mmmm (que bueno!)") que es donde se encuentran los senos maxilares, trabajar el gesto de la respiración y la coordinación fonorespiratoria y percibir en la cincha abdominal el ascenso del recto del abdomen como un impulso continuo antes de que el sonido se inicie. Ayuda pensar que el ataque se produce en tres tiempos: tomar el aire, impulsarlo y pensar en el sonido a emitir sintiendo las vibraciones a la altura de los pómulos.

5   5   5   5   5   4   3   2   1

gong gong gong gong   go   o   o   o   ong

ma   ma   ma   ma   ma   a   a   a

▶ **EJERCICIO 20:** El registro de pecho y el de cabeza

La mezcla de los registros vocales ha de trabajarse para conseguir un timbre homogéneo desde la nota más grave que se puede emitir hasta la más aguda. Es lo que se conoce como equilibrio o voz mixta.

Sabremos dónde está el final del registro de pecho, o lo que es lo mismo, hasta qué nota se puede hacer con el primer mecanismo si se canta una escala ascendentemente y entre el do4 y el fa4 en las mujeres y niños y entre el do3 y el fa3 en los hombres se deja de poder emitir con facilidad y se siente la necesidad de gritar.

Cuando se imita el canto de un gallo, el maullido de un gato o las voces agudas de algunos dibujos animados se emplea el registro de cabeza.

Para equilibrar ambos registros y que la transición entre uno y otro sea natural y flexible es preciso que la emisión en registro de pecho se haga lo más piano y suave posible aproximadamente una quinta por debajo de este límite.

Los ejercicios que favorecen la transición entre un registro y otro porque se ejercita la inclinación laríngea son:

1 3 1

u u u

1 8 1

u u u

8 8 8 8 8 7 6 5 4 3 2 1

lu lu lu lu lu u——————-

1 2 3 2 1 2 3 2 1 8 8 8 8 8 7 6 5 4 3 2 1

Kia a a a a a a a a a lu lu lu lu lu u——————-

1 3 5 3 1

a o u o a

Como si se quisiera imitar una sirena o un búho y procurando en ambos producir un sonido lo más ligado y suave posible a lo largo de toda la extensión vocal.

La resonancia

La producción de la voz humana es un fenómeno sonoro complejo en el que está implicado el sonido base que se produce con las cuerdas vocales pero que se ve modificado en función de la configuración anatómica y de la posición de los espacios que se encuentran por encima de la laringe (supraglóticos).

El trabajo de la resonancia de la voz tiene dos componentes. El primero de ellos está constituido por las estructuras fijas o inmóviles del cráneo (resonadores frontal, maxilar y esfenoidal) y confieren unas peculiaridades únicas a cada voz, viene a ser como una característica resonancial básica de cada persona. Cuando el aire sobre el que viaja la onda sonora incide en las estructuras óseas del cráneo se produce una amplificación del sonido por simpatía. En ocasiones se siente esta vibración en los pómulos y/o en la frente y es indicativo de una emisión saludable. Es importante también decir que en el caso de no sentirlo no indica necesariamente una emisión defectuosa.

El segundo componente en la resonancia es la configuración de los espacios móviles (labios, boca, lengua, articulación mandibular, velo del paladar, orofaringe). La posición y forma de los órganos articuladores configura los formantes de la voz, es decir, los armónicos que se ven reforzados en cada sonido. En definitiva viene a decir que cuanto más estrechos y cortos son los espacios, más agudo y brillante es el sonido resultante y cuanto más largos y anchos, más grave y opaco es el sonido resultante.

Una emisión saludable busca una apertura de la boca redondeada descolgando la mandíbula desde la articulación (hueco que se abre delante de los oídos) para permitir la movilidad y flexibilidad de los articuladores a la hora de decir las palabras cantadas.

Los principales problemas que impiden el desarrollo de la resonancia son:

- Una falta de coordinación fono-respiratoria.

- La mandíbula apretada ya sea por estrés o problemas dentales.

- Boca poco abierta que no permite configurar un espacio bucal interno suficiente.

- Un exceso de tensión en el velo del paladar que fija las estructuras de resonancia y artificializa el sonido generando tensiones innecesarias.

- Un exceso de tensión en la base de la lengua.

▶ **EXPERIMENTO:** Diapasón

Para entender el fenómeno de la resonancia se puede tomar un diapasón y explicar que el sonido que produce es simple, es decir, necesita del contacto con otra superficie para ser amplificado. Podemos escuchar ese sonido básico al colocar el diapasón en el oído y podemos comprobar las diferencias en el sonido resultante poniéndolo en contacto con una madera, un cristal, una pared...

Los cantantes pueden tomar conciencia de sus propios espacios de resonancia colocándolo en la frente, en los pómulos, en los dientes... y sintiendo el sonido que se transmite por la vía ósea.

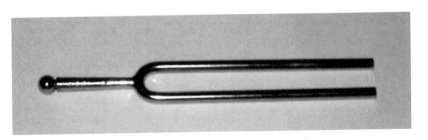

▶ **EJERCICIO 21:** El bostezo

Es importante explicar que el bostezo se produce en tres fases: la primera es la apertura de la boca desde la articulación de la mandíbula, un punto de inflexión en el que se expande el velo del paladar y una tercera fase en la que se produce la relajación. Si se produce sonido en el bostezo hay que permitirlo porque se flexibiliza todo el sistema fonador.

Recrear la sensación del bostezo permite sensibilizar los espacios que se generan en la parte móvil de la cara: la mandíbula, la boca, el velo del paladar y la parte posterior de la boca u orofaringe.

Cuando se canta se ha de percibir el espacio interno que se puede generar con el movimiento de las partes móviles pero es preciso advertir que no han de mantenerse fijas porque entonces se artificializa el sonido. Hay que buscar siempre la flexibilidad y movilidad que permitan no sólo mantener amplios los espacios sino también poder articular con precisión las palabras.

Tomar conciencia sobre el bostezo ayuda a sentir la elevación del velo del paladar cuya movilidad está íntimamente relacionada con la nasalidad. A su vez, permite una posición de la lengua plana que evita sonidos engolados y tensión en la base de la misma y por último es de gran ayuda para aquellas personas que tienen una cierta tendencia a subir la laringe durante la emisión ayudando a mantenerla en una posición más baja que permite equilibrar el movimiento de la misma.

▶ **EJERCICIO 22:** Sobre la u

Para estimular la flexibilidad y apertura de la partes móviles se propone un ejercicio en el que se mantiene la apertura de la boca desde la articulación mandibular, se cierran los labios en una [u], como si se quisiera dar un beso y se hace en *glissando* una quinta a lo largo de la extensión vocal. Cuando se llegue a la parte aguda de la voz se notará como la parte posterior de la boca se estira pero el sonido se percibe "por detrás de la nariz".

1 5 1

U u u

▶ **EJERCICIO 23:** I E A O U sobre una nota

Se debe mantener un espacio en la cavidad oral mínimo y suficiente para poder emitir las notas en toda la extensión vocal y este espacio mínimo se ve dificultado si se hacen [e] e [i] demasiado estrechas o con la boca demasiado cerrada, es decir, mantener una posición horizontal de los labios o un exceso de tensión en la mandíbula cerrará el espacio.

Para cantar se precisa unificar el espacio practicando las vocales con la modificación mínima del espacio bucal pero intentando mantener la sensación de la vibración a la altura de los pómulos. El ejercicio consiste en emitir sobre una nota, lo más ligado posible la siguiente secuencia:

3 3 3 3 3

i e a o u.

Comenzar el ejercicio en la zona centro-grave de la voz y poco a poco ir ampliándolo a toda la tesitura.

Una variante es la mezcla del ejercicio anterior con este:

1 3 3 3 3 3 3 1

u u a e i o u u

▶ **EJERCICIO 24:** Apertura de la boca

En el trabajo de la resonancia es fundamental que la apertura de la boca se realice desde la articulación mandibular (si se coloca un dedo delante de la oreja se puede percibir el hueco cuando se abre de manera correcta la mandíbula) de manera que sea flexible y produzca una posición redondeada de la boca.

Se puede practicar este ejercicio lo más ligado posible y abriendo la boca desde el primer momento sin modificar el espacio generado.

1 3 5 3 1

ia a a a a

Kia a a a

▶ **EJERCICIO 25:** Piano-fuerte-piano

En un coro es fundamental el control de la dinámica sin que por ello se produzcan defectos en la emisión vocal. Para ello es preciso practicar ejercicios que permitan el control del sonido a diferentes intensidades (presión de aire) sin perder la altura de la emisión y manteniendo los espacios de resonancia.

El ejercicio consiste en emitir una sola nota y modificar el volumen progresivamente pudiendo ir del piano al fuerte y volviendo al piano. Cuando se hace el *crescendo* hacia el fuerte hay un punto de no retorno, es decir, una intensidad demasiado fuerte que impedirá el control del *decrescendo*. Es importante no sobrepasar ese punto e ir poco a poco ejercitando la dinámica.

3 3 3 3

i i i i i i

<>

▶ **EJERCICIO 26**: Cua-cua-cua

Si se piensa en el sonido que hace un pato y se imita permitiendo que en cada [kua] se abra la boca desde la articulación de la mandíbula es posible flexibilizar y abrir los espacios de resonancia.

El ejercicio consiste en recorrer la tesitura primero ascendentemente y luego descendentemente con el siguiente ejercicio:

5   4   3   2   1

cua cua cua cua cua

La articulación

El canto se diferencia de la música instrumental en que las frases musicales articulan un texto y por ello la parte móvil del sistema de resonancia debe poder modificarse de manera flexible, precisa y eficiente. Es necesario entender que el espacio que se debe generar en la boca para cantar es más grande que para hablar y por ello es necesario trabajar la configuración de esos espacios con ejercicios de resonancia para que al añadir las consonantes después esos espacios no se reduzcan.

Además es necesario comprender que el sonido se propaga gracias a las vocales por lo tanto es necesario mantener una emisión ligada (*legato*) entre las mismas que se verá levemente interrumpida por las consonantes.

Los directores de coro deben familiarizarse con el Alfabeto Fonético Internacional ya que les permitirá conocer la pronunciación exacta de las palabras en cualquier idioma. También existen herramientas en la red que permiten a los cantantes conocer la pronunciación exacta de una palabra, la más conocida es (http://es.forvo.com) que te devuelve la palabra pronunciada por un nativo de la lengua. Ante todo debe existir una coherencia y un consenso en la pronunciación en el grupo.

Para una correcta articulación de los diferentes fonemas es necesario que la mandíbula esté relajada y que lengua, labios y boca sean ágiles. Exagerar la pronunciación no ayuda porque lo que se hace es modificar demasiado el espacio interno de resonancia, en lugar de mantenerlo. Sí que ayudan a agilizar y flexibilizar las estructuras anteriormente citadas los siguientes ejercicios.

▶ **EJERCICIO 27:** Sentir los articuladores

➤ Labios: posición de dar un beso, llenar los mofletes de aire con los labios cerrados y sentir el estiramiento de los músculos, meter los labios hacia dentro, superponer el labio superior sobre el inferior y viceversa.

➤ Mandíbula: sentir el hueco que se abre delante de las orejas, la articulación mandibular y cómo se suelta la mandíbula. Apretar los dientes y soltarlos.

➤ Velo del paladar: pasar la lengua desde la parte posterior de los dientes incisivos hacia atrás y sentir en el primer tramo el paladar duro y en el segundo tramo el paladar blando.

➤ Lengua: sacar la lengua hacia abajo, estirar la lengua como si se quisiera tocar la punta de la nariz, pasarla por delante de los dientes de manera circular.

▶ **EJERCICIO 28:** Cantar sobre las vocales del texto

Una manera de mejorar la articulación mientras se canta es interpretar una canción eliminando las consonantes, de esta manera se evita modificar en exceso el espacio resonancial de la boca y se trabaja la precisión en la emisión de las vocales. Al mismo tiempo se trabaja la memoria melódica y el texto.

El segundo paso del ejercicio consiste en añadir las consonantes manteniendo las sensaciones de la primera parte del ejercicio y prestando atención a la precisión de labios, lengua, mandíbula y velo del paladar para que dichos movimientos sean lo más precisos posible.

▶ **EJERCICIO 29:** Mantener todo el texto con una sola vocal

Con el objetivo de trabajar las consonantes a la par que la posición de una determinada vocal se propone cantar la canción con una sola vocal.

- ➤ Ejemplo: Cumpleaños feliz, te deseamos todos, cumpleaños feliz.

- ➤ Se cantaría: Camplaañas falaz. ta dasaamas tadas, camplaañas falaz.

- ➤ O bien: cumpluuñus fuluz, tu dusuumus tudus, cumpluuñus fuluz.

▶ **EJERCICIO 30:** Vocal/consonante/vocal en el canto

Este ejercicio se hace para mantener la continuidad en la emisión y que las consonantes no obstruyan esa línea de sonido que conducen las vocales, es decir, el canto *legato*.

Es frecuente, cuando se practica un texto para ser cantado silabar como cuando se cuentan los versos en poesía. Si bien esto ayuda a entender las rimas y la retórica de los textos puede provocar a la hora de cantar una falta de *legato*. Esta situación se corrige pensando en silabar alargando la última vocal de cada sílaba y uniendo la última consonante con la siguiente, de la siguiente manera:

- ➤ Texto: Cumpleaños feliz, cumpleaños feliz, te deseamos todos….

- ➤ Silabación poética: Cum-ple-a-ños-fe-liz, cum-ple-a-ños-fe-liz, te-de-se-a-mos-to-dos…

- ➤ Silabación canto: Cu-mplea-ño-sfe-liiiiiiz, cu-mplea-ño-sfe-liiiiiiz. te-de-sea-mo-sto-doooos….

▶ **EJERCICIO 31:** Trabalenguas

Los órganos articuladores (mandíbula, lengua, labios, boca, velo) se pueden ejercitar practicando trabalenguas y en el caso de que exista alguna dificultad a la hora de pronunciar alguna letra se pueden crear frases con letras que las incluyan.

➢ Ejemplo: Pablito clavó un clavito, ¿qué clavito clavó Pablito?

➢ Ejemplo: práctica de la [z]: El cazador salió de caza con un zurrón y unos zuecos.

A los niños les suele gustar mucho jugar con las palabras así que una variante de este ejercicio es crear los propios trabalenguas con alguna temática o con determinadas palabras.

▶ **EJERCICIO 32:** Rapear

El trabajo de unir ritmo y letra es esencial para asegurar la precisión en la interpretación en grupo. Una práctica recomendada es rapear la letra de la canción con el ritmo de la canción. Se puede empezar al tempo de la canción e ir acelerando cada vez que se vuelva al inicio o se cambie de estrofa. Esto mantendrá la concentración del grupo.

Las variantes de este ejercicio son:

➢ Hacer que cada miembro del grupo rapee un verso sin perder la pulsación que marcará el director, esto agiliza la práctica y ayuda a memorizar texto y ritmo.

➢ Hacer la práctica anterior pero acelerando progresivamente el tempo. El aumento de velocidad permite ejercitar la articulación y detectar posibles defectos de pronunciación.

▶ **EJERCICIO 33:** Consonantes finales

Cuando se canta en grupo es importante que todos pronuncien las consonantes finales a la vez, para ello es esencial que el director lo indique gestualmente y sobre todo que se practique.

Se tomará una sílaba o palabra como puede ser: MÁS y se cantará sobre una única nota indicando un compás en concreto (4/4), todo el coro debe pronunciar a la vez la [s] y terminarla al mismo tiempo.

▶ **EJERCICIO 34**: Palabras desaparecidas

Una práctica creativa y formativa en cuanto al lenguaje es hacer desaparecer algunas palabras que se vayan repitiendo en la canción. Este ejercicio mejora la memoria y la concentración.

▶ **EJERCICIO 35**: Idiomas

El idioma en el que se canta es importante en el proceso de consolidación de un coro. Generalmente se suele comenzar por el idioma materno y posteriormente se pueden introducir otros idiomas (inglés, francés, etc).

Cantar en idiomas que los coralistas desconocen tiene ventajas e inconvenientes que deben ser sopesados. Una ventaja es que se amplía la cultura musical cantando obras de otras regiones. Otra ventaja es el trabajo de fonemas diferentes y el estímulo de los articuladores. La desventaja es que si no se comprende aquello que se canta, la expresión del coro puede verse mermada o el proceso de aprendizaje de la canción ser más tedioso.

Es recomendable empezar a cantar obras en otro idioma con poco texto, en tempo *moderato* y sin dificultades musicales y vocales que superen la capacidad del grupo para poder centrar la atención en la dicción.

Educación musical

 ## *El lenguaje musical*

Este apartado tiene sentido en cuanto a las dinámicas de trabajo grupal de la voz y a las ideas que se ofrecen para entender la música al mismo tiempo que se aprende a cantar. No se trata de sustituir las clases de lenguaje musical sino de complementar y dotar de sentido a la práctica vocal para que el proceso de aprender música tenga un enfoque global y práctico. Este tipo de ejercicios se pueden hacer sea cual sea el grado de competencia musical del grupo ya que el conocimiento musical siempre puede enriquecerse e integrar aspectos musicales de mayor complejidad y profundidad.

En formaciones corales con poca formación musical el trabajo deberá centrarse sobre todo en la experimentación con el objetivo de comprender e interiorizar: intervalos, acordes básicos y secuencias de acordes, ritmos básicos, texturas sencillas, etc.

En formaciones corales que ya tengan una mayor competencia musical y dominen la lectura musical se puede profundizar aumentando la dificultad o incluyendo escalas étnicas, acordes más complejos, ritmos compuestos, etc.

Por lo tanto, se propone un enfoque para trabajar la técnica vocal simultáneo a un aprendizaje del lenguaje musical desde un punto de vista holístico en el que se integra tanto la voz como el movimiento. Si los cantantes van interiorizando los conceptos mientras realizan los ejercicios de técnica vocal se habrá conseguido el doble objetivo de aprender a cantar y de aprender lenguaje musical.

Tal y como se explicó en el primer capítulo, la adquisición de las competencias musicales sigue un proceso que comienza por el desarrollo del oído interno, la experimentación sonora y posteriormente la conceptualización y comprensión de la estructura del lenguaje musical.

En un coro es fundamental el recurso de la imitación puesto que, antes de conceptualizar los diferentes parámetros musicales, se va a interpretar con la voz y con el cuerpo y por tanto se va a acceder al conocimiento de una manera práctica y sensorial. El educador vocal o director va a ser el ejemplo que los coralistas imitarán por lo tanto debe ser un buen modelo en todo momento tanto en lo que respecta al dominio de la voz como de la música.

Se han agrupado los grupos de ejercicios en cuatro secciones: entonación y afinación, ritmo, armonía y forma y textura.

Entonación y afinación

La exactitud en la afinación es un aspecto esencial a tener en cuenta a la hora de enseñar a cantar. La percepción de la afinación es una cuestión de estimulación y trabajo del oído interno, o sea, la capacidad de imaginar los sonidos sin escucharlos o cantarlos. Las personas llamadas "afinadas" además tienen una buena coordinación entre los sonidos imaginados o recreados y los sonidos ejecutados ya sea con la voz o con un instrumento porque hay una correspondencia exacta entre lo que imaginan, lo que cantan o tocan y lo que escuchan, es decir, son capaces de autoevaluar y comparar mentalmente el sonido que producen con el sonido imaginado. Por regla general, lo son porque han tenido una gran cantidad de estímulos sonoros, sobre todo en la primera y segunda infancia, que les han permitido configurar una base de datos sonora en su cerebro. Que haya personas que tienen dificultades para afinar un determinado sonido suele deberse a una falta de desarrollo auditivo o algún tipo de carencia en su coordinación en la función vocal a la hora de cantar. Por lo tanto, la mayor parte de los casos de personas que presentan dificultades para afinar mejoran sustancialmente con el entrenamiento auditivo y vocal.

Es recomendable que los coralistas trabajen el reconocimiento auditivo y la autonomía vocal y musical siendo capaces de imitar los sonidos de un teclado o de un diapasón con precisión. Es muy interesante que los participantes en la agrupación aprendan a trabajar auditivamente con un diapasón y que desde el sonido de referencia aprendan a interiorizar el resto de sonidos e intervalos. Entre otras ventajas del diapasón se cuentan que se puede llevar en el bolsillo a cualquier parte y no necesita baterías.

La afinación se puede empezar a trabajar empleando los gestos o fononimia ideados por Kodàly en los que se asigna a cada nota de la escala un gesto con la mano (se pueden encontrar los gestos en la red). Es una manera de trabajar los intervalos sin necesidad de saber leer música y muy aconsejable en las primeras fases del aprendizaje del lenguaje musical.

▶ **EJERCICIO 36:** Afinación de una nota.

El primer ejercicio a realizar con el diapasón es que escuchen y reproduzcan en grupo ese sonido. Hacerlo de esta manera ayudará a aquellos que muestren imprecisiones en la afinación a ajustarla con la del grupo.

Este ejercicio se puede emplear además para explicar cómo se cantan notas largas en grupo alternando la respiración de los participantes en diferentes lugares o también para trabajar los cambios de dinámica (fuerte-piano) en una misma nota.

▶ **EJERCICIO 37:** Afinación de intervalos

El aprendizaje y la interiorización de los intervalos tienen que ver con la capacidad de desarrollo del oído interno y la memoria musical. Es importante que los intervalos se canten siempre en una tesitura cómoda. El director puede escribir en la pizarra la secuencia en el pentagrama, con el nombre de las notas o también puede valerse de la fononimia propuesta por Kodàly.

Se puede seguir la siguiente secuencia de trabajo introduciendo en cada ensayo un intervalo nuevo:

la (6) del diapasón;

la-sol (6 5);

sol-mi (5 3);

sol-mi-la (5 3 6);

sol-mi-la-do (5 3 6 1);

sol-mi-la-do-re (5 3 6 1 2).

También se pueden hacer las siguientes variantes:

➤ Escuchar el la del diapasón y sin cantarlo empezar a cantar el sol.

➤ Hacer la secuencia sol-mi (5 3).

➤ Hacer la secuencia sol-mi-la (5 3 6) y escuchar que el último la que se canta coincide con el del diapasón. Repetir la secuencia sin cantar el mi pero dejando el tiempo en el que debería sonar para pensar internamente el sonido.

➤ Hacer la secuencia sol-mi-la-do (5 3 6 1), primero cantando todas las notas, después omitiendo y pensando el mi o el la, después omitiendo dos notas (probar cualesquiera).

▶ **EJERCICIO 38:** Tetracordos

Una vez introducidos los intervalos mayores y menores y como paso previo a la comprensión sonora de las escalas se recomienda trabajar los tetracordos que permiten la introducción del concepto de semitono. Se explicará que cada tetracordo varía una de las notas y como consecuencia se producen diferentes tipos de sonoridades o modos.

- Escala mayor/modo jónico: 1 2 3 4

- Escala menor/modo dórico: 1 2 b3 4

- Escala árabe/ segundo tetracordo menor armónica: 1 b2 3 4

- Modo frigio/ segundo tetracordo menor natural: 1 b2 b3 4

- Modo lidio/ comienzo escala hexátona: 1 2 3 #4

- Secuencia cromática: 1 #1 2 #2 3 4

Vocalmente es recomendable trabajar los tetracordos en principiantes o amateurs con las siguientes variantes:

- Descendentemente: 4 3 2 1 con el nombre de las notas, con trino de lengua/labios, con la pajita, sobre una [u], con la sílaba [kua] en cada nota.

- Hacer una rueda en la que cada coralista cante una nota del tetracordo en un determinado orden preestablecido y con una secuencia rítmica concreta. Este ejercicio mejora la atención y la concentración así como el oído interno.

- Dividiendo el grupo en cuatro y asignando una nota a cada subgrupo. El director señalará los subgrupos en diferente orden. Puede hacerse con un patrón rítmico preestablecido o variando la velocidad mientras se señala qué grupo tiene que cantar. Puede tomar la batuta cualquier coralista y de esta manera improvisar una melodía con las cuatro notas.

▶ **EJERICICIO 39:** Escalas

Se puede comprender la estructura de las diferentes escalas como la unión de dos tetracordos.

➤ En coros de principiantes es interesante trabajar muy bien las escalas dividiendo el grupo en 8 subgrupos y a cada uno se les asignaría una nota de la escala. Si la escala se hace en una tesitura cómoda para todos ellos se puede rotar la nota asignada y permitir que cada vez sea un coralista el que dirija la actividad. Se puede hacer con ritmo preestablecido o siguiendo la velocidad de las indicaciones del director.

➤ Una manera amena de trabajar las escalas es con el juego de la nota desaparecida. Se especifica la escala que se va a trabajar y el director canta o toca en el teclado en el orden: 1 2 3 4 5 6 7 8. A continuación se vuelve a tocar o cantar haciendo desaparecer una de las notas que se han de adivinar. Se puede repetir varias veces. Una variante es hacer desaparecer dos, tres, o cuatro notas.

Ritmo y movimiento

Un coro ofrece posibilidades infinitas para el trabajo del ritmo de una manera creativa. Además el movimiento permite la realización de coreografías que ayudarán a integrar el sentido del pulso, esencial para la interpretación musical en grupo.

El componente rítmico de la música y el sentido del pulso se debe trabajar a través de la percepción del movimiento.

▶ **EJERCICIO 40:** El movimiento del cuerpo

El ejercicio más básico para entender la pulsación es marchar a un determinado pulso marcado con palmas o con unas claves, pandero o caja china. El grupo camina al pulso marcado y se detiene cuando el director cesa de marcar.

Las variantes de este ejercicio son:

- ➤ Variar la velocidad de la pulsación (más rápido o más lento).

- ➤ Hacer un ejercicio vocal, por ejemplo un tetracordo o una escala, mientras se camina al pulso marcado.

▶ **EJERCICIO 41:** Aire y ritmo

Combinar el trabajo del gesto respiratorio con ejercicios de ritmo ayudará a integrar el pulso y a mejorar el control muscular de la cincha abdominal permitiendo que el gesto sea flexible evitando la rigidez.

Sobre una [s], [z], [sh] o [ts] se pueden hacer las siguientes variantes:

- ➤ Se escribe una célula rítmica en la pizarra o se da el ejemplo y los coralistas la hacen con el fonema del los mencionados que indique el director. También sirve para explicar el concepto de célula rítmica. Una variante es hacer el ejercicio dividiendo el grupo en dos y practicar pregunta-respuesta con dos células rítmicas diferentes. Es una manera amena de trabajar la concentración y el pulso.

- ➤ Cada coralista inventa una secuencia rítmica que los demás repiten varias veces seguidas.

- ➤ Se divide el grupo en dos o tres subgrupos y a cada uno se le asigna una célula rítmica diferente que hacen a la vez. Es un excelente ejercicio para trabajar ritmos complejos y poliritmias.

- ➤ Se canta el ritmo de la canción con la letra que indique el director. Este ejercicio sirve para ejercitar la memoria y el oído interno ya que tienen que cantar internamente el ritmo que están haciendo. Una variante es hacerlo cuando se cante a varias voces para trabajar la precisión rítmica de las entradas y las voces.

▶ **EJERCICIO 42:** Percusión corporal

El ritmo y el pulso se asimila mucho mejor si se percibe a diferentes niveles corporales por eso es importante utilizar sonidos del cuerpo como son las palmas, los pitos o las palmadas en las piernas, las patadas, etc. Si estos gestos además se integran en las canciones en algún tipo de coreografía se dotará de una imagen sincronizada que enriquecerá el espectáculo.

La percusión corporal ofrece un sinfín de posibilidades para el trabajo rítmico, la coordinación motora y la lateralidad corporal. Alternar diferentes sonidos, diferentes ritmos y movimientos de manos y brazos ofrece una oportunidad al trabajo de la creatividad musical.

Además se pueden trabajar conceptos como el de intensidad (fuerte-piano), duración (rápido-lento) o timbre (diferentes maneras de percutir con distintas partes del cuerpo). Por ejemplo, la intensidad se podría trabajar dando palmas con un dedo, con dos, con tres, con cuatro o con cinco para hacer un *crescendo* y al revés para hacer un *diminuendo*.

Una variante consiste en hacer el trabajo de pregunta-respuesta como actividad para fomentar la creatividad rítmica del grupo en la que un miembro hace de director dando un ejemplo y el grupo tiene que imitar la secuencia. Se pueden incluir todos los gestos y diferentes intensidades.

Otra variante es hacer juegos de acumulación rítmica o juegos de manos en parejas para practicar el ritmo de las canciones o inventar coreografías.

▶ **EJERCICIO 43:** El beat box

Una práctica interesante a realizar en el coro son los diferentes efectos que se pueden hacer con la voz imitando una batería y por lo tanto dotando de una base rítmica al grupo.

Los sonidos básicos son:

➤   Bombo: que se hace haciendo una [p] con aire.

➤ Platillos: que se hace haciendo una [ts] y sonarán más o menos resonantes dependiendo de lo largo que se haga el sonido.

➤ Caja: que se hace haciendo una [pf] y se puede hacer cogiendo aire o sacando aire.

Hay muchos más sonidos que se emplean en el beat box pero con los básicos ya se puede imitar el ritmo que se hace una batería.

Se pueden hacer varias secuencias rítmicas:

➤ Bombo - Platillo - Caja - Platillo, que sería: [p] [ts] [pf] [ts]

Para empezar se puede dividir el grupo en cuatro subgrupos y que cada uno interprete un sonido de la secuencia haciendo que todos pasen por todos los sonidos. Después todo el grupo puede practicar la secuencia y posteriormente un subgrupo puede cantar una melodía improvisada en rueda, es decir, cada miembro del subgrupo improvisa sobre notas dadas (por ejemplo de la escala de blues) o el subgrupo canta una canción con la base rítmica.

▶ **EJERCICIO 44:** Miscelánea de sonidos para efectos rítmicos y coreografías.

Es interesante incluir sonidos realizados con pequeños objetos que puedan dinamizar la interpretación de las canciones y que pueden ser incluso construidos a partir de materiales existentes en el aula o de su entorno.

➤ Lápices: golpeados a diferentes ritmos e intensidades.

➤ Gomas elásticas: estiradas en una mano y pulsadas con la otra.

➤ Folios: arrugados para hacer el efecto de una tormenta, enrollados como si fueran un tubo.

▶ **EJERCICIO 45:** Coreografías

La idea de que un coro debe permanecer estático con las manos sujetando las partituras y cantando totalmente quietos se muestra actualmente insuficiente si se quiere innovar y ofrecer espectáculos en los que el componente visual del grupo cobre protagonismo. El espectador debe ser sorprendido no sólo por las voces sino por el conjunto de la propuesta. En función del número de miembros del coro se pueden emplear coreografías que permitan ocupar todo el espacio escénico.

Además, incluir movimiento facilitará la asimilación tanto de los aspectos vocales como musicales, en el primero de los casos evitando rigideces y tensiones innecesarias al cantar y en el segundo mejorando el sentido del ritmo y la pulsación.

Armonía

El trabajo vocal en grupo permite introducir, practicar y asimilar el componente armónico de la música. Dividiendo al grupo en tres o cuatro subgrupos se pueden practicar diferentes tipos de acordes (perfecto mayor, perfecto menor, aumentado, disminuido, de séptima, etc) y secuencias de los mismos a una determinada pulsación o con una célula rítmica concreta.

▶ **EJERCICIO 46:** Acordes

Cada subgrupo del coro canta una nota del acorde. El director puede dar la nota del acorde o hacer que cada coralista busque la nota que le corresponda a partir del sonido del diapasón. Si se realiza en una tesitura cómoda para todo el coro se puede variar el ejercicio haciendo que todas las partes canten todas las notas del acorde, esto hará más conscientes a los coralistas de las notas que comprenden el acorde y les ayudará a familiarizarse con su sonoridad. De esta manera se pueden trabajar todo tipo de acordes: acordes perfectos mayores, perfectos menores, aumentados, disminuidos, de séptima de dominante… Además se puede introducir el concepto de cifrado para nombrar los acordes para que comprendan que cada acorde tiene "un nombre y un apellido".

Variantes de este ejercicio son:

- ➤ Emplear el nombre de las notas, el trino de lengua o labio, la boca cerrada, una vocal determinada.

- ➤ Trabajar la dinámica: piano-fuerte-piano, piano-fuerte, fuerte-piano, etc., mientras se canta el acorde.

▶ **EJERCICIO 47:** Enlaces de acordes

Una vez se toma conciencia del concepto acorde y se aprende a distinguir la sonoridad y las notas que constituye cada uno se pueden practicar en grupo secuencias o series de acordes que aparecen en numerosas ocasiones en la música que después se va a interpretar.

Por ejemplo se pueden practicar las siguientes secuencias (expresadas en grados de la escala):

$$I - V - I$$
$$I - IV - I$$
$$I - IV - V - I$$

Las secuencias de acordes se pueden hacer a un determinado pulso o empleando una célula rítmica. También se puede combinar con diferentes ejercicios de técnica vocal como puede ser:

- ➤ Cantar con la boca cerrada.

- ➤ Cantar con la pajita.

- ➤ Cantar con el trino de lengua/labios.

- ➤ Cantar sobre una misma vocal.

▶ **EJERCICIO 48:** Improvisación melódica a partir de acordes

Es un ejercicio que permite que el grupo comprenda que determinados acordes provocan determinadas sonoridades y de esta manera se entrene el sentido armónico pero también la habilidad de crear melodías que se ajusten a la sonoridad dada.

Se subdivide el grupo en cuatro partes, tres de ellas cantan un acorde o una secuencia de acordes a un pulso determinado. La cuarta parte del grupo improvisa una melodía en rueda, es decir, cada miembro canta un compás o una melodía según la secuencia de acordes.

Forma y textura

Cuando en música se habla de forma se habla las partes que tiene la obra: introducción, estrofa, estribillo, coda, es decir, las secciones y subsecciones que tiene. La forma en música vocal depende del estilo y el tipo de obra.

▶ **EJERCICIO 49:** Entender la forma

Una herramienta poderosa que tiene el director del coro para que todos aprendan las canciones de una manera consistente es explicar las partes que tiene la obra que se interpreta y realizar un trabajo ordenado y sistemático de cada una de las partes. Es recomendable hacer pequeños esquemas en una pizarra que ayuden, a modo de mapa, a memorizar el trabajo que se va realizando.

La repetición de la canción completa sin comprender esta estructura ralentizará el proceso de aprendizaje del repertorio. En cambio, si se va trabajando cada parte vocal y musicalmente con diferentes recursos según las dificultades que se vayan presentado, el proceso de montaje de las obras será más ameno, divertido y significativo.

El concepto de textura hace referencia a la escritura de la música a una o varias voces y se clasifica de la siguiente manera:

- ➤ Homofónico: a una sola voz, todas las voces cantan la misma melodía al unísono o a distancia de octava.

- ➤ Polifónico: a varias voces. Por regla general a dos, tres, cuatro voces. Algunos ejemplos de música polifónica son:

- ➤ Quodlibet: son dos o más melodías claramente diferentes que al ser cantadas a dos o tres voces encajan armónicamente.

- ➤ Canon: es una melodía en la que cada voz comienza en un pulso diferente haciendo que armónicamente casen todas ellas.

▶ **EJERCICIO 50:** Cantar a varias voces, cómo empezar

Los intervalos más difíciles de afinar cuando se canta a varias voces son las terceras, por ello se recomienda introducir el canto polifónico con quodlibet ya que es mucho más sencillo seguir un contorno melódico con figuras rítmicas diferentes a la/s otra/s melodías.

Posteriormente se pueden cantar cánones y finalmente arreglos en los que varias voces hacen el soporte armónico (en el que priman las terceras) y el resto llevan la parte melódica.

 ## Repertorio

Elección del repertorio

El repertorio es el elemento central del trabajo coral, las personas que forman parte de un coro sienten la necesidad de expresarse, comunicarse y tener una experiencia estética a través de las obras que se cantan de manera colectiva. El repertorio puede llegar a definir al grupo si se decide interpretar música en un contexto concreto como puede ser el caso de los coros de las iglesias o se decide que se va a centrar en un determinado tipo de música o repertorio, y así encontramos coros especializados en música barroca, contemporánea, etc…

La elección del repertorio debe perseguir los principios de calidad, adecuación a la competencia vocal y musical del grupo y al contexto del coro. Además se ha de buscar un equilibrio entre los criterios técnicos y estéticos.

El tipo de música que se cante se puede consensuar con el grupo ateniendo a sus preferencias pero la decisión última de qué obras se van a interpretar, en qué orden, con qué dificultades, en qué idioma, a cuantas voces, etc… es del director.

Las primeras consideraciones que ha de atender tienen que ver con las dificultades técnicas tanto vocales como musicales que puede abordar el grupo:

▷ Las tesituras que se van a emplear: tienen que estar adaptadas a la madurez vocal del grupo y al estilo que se cante.

▷ Complejidad rítmica y melódica. Son más sencillas aquellas canciones con *tempi moderato*, con melodías escritas por grados conjuntos, de armonías y ritmos sencillos.

▷ El idioma en el que se va a cantar: hacerlo en una lengua diferente a la materna implicará un mayor trabajo en la articulación y la comprensión de los textos.

▷ El número de voces y el tipo de escritura polifónica. A mayor número de voces, mayor complejidad.

▷ Si es *a capella* o con acompañamiento instrumental.

Tras delimitar los parámetros anteriores, es decir, el tipo de dificultades vocales y musicales que va a poder afrontar el grupo, se ha de realizar una búsqueda de obras adecuadas o plantear la posibilidad de hacer arreglos musicales.

Tras la búsqueda se realizará un análisis técnico y didáctico del mismo:

▷ El análisis técnico consiste en analizar las obras y observar el tipo de dificultades musicales y vocales que aparecen: dinámicas, ritmos, intervalos, disonancias, texturas, escalas, notas tenidas, pronunciación, letras, etc…

▷ El análisis didáctico es una herramienta que permite secuenciar el repertorio y saber con exactitud el orden con el que han de trabajarse en base a criterios vocales y musicales. Por ejemplo, si se está introduciendo el canto a varias voces hay que ser consciente de que es más sencillo empezar por quodlibets que cantar a distancia de terceras o en canon. El director debe plantear dificultades crecientes y secuenciadas de manera que no se produzca un estancamiento en el grupo.

Es esencial tener en cuenta que el estilo de música que se canta no influye en la manera de cantar, es decir, se puede cantar mejor o peor tanto repertorios clásicos como modernos y populares. Por ello es preciso comprender que cada estilo lleva implícita una determinada vocalidad, es decir, consideraciones particulares en cuanto a las tesituras, el timbre y los efectos vocales propios del estilo.

A continuación se exponen consideraciones a tener en cuenta según el estilo que se canta:

▶ Clásico: La vocalidad de la música clásica se caracteriza por emplear tesituras generalmente más extensas y en la zona centro-aguda de la voz que requieren un buen desarrollo de la voz mixta y un control del gesto respiratorio más refinado que permite una emisión más pura caracterizada por la claridad del sonido. También se emplean mayores intensidades y duración de las frases musicales que requieren de un entrenamiento progresivo. Por otro lado se emplean ataques equilibrados y vibrato natural.

▶ Moderno: La vocalidad de la música moderna se caracteriza por emplear tesituras generalmente más graves, se canta en la región centro-grave de la voz, a intensidades menores y efectos vocales: voz aireada, ataques tipo yodel, vibratos irregulares al final de las notas largas, ritmo que acentúa los tiempos débiles (swing), efectos de beat box, etc.

▶ Popular: La vocalidad de la música popular se caracteriza por una naturalidad en la emisión vocal y tesituras centrales. Por ello el repertorio popular es adecuado para niños, adolescentes y coros amateurs.

Los arreglos vocales

En muchas ocasiones una obra puede ser idónea para el grupo salvo algún compás o compases que contengan notas que se encuentren fuera de la tesitura del grupo. En estos casos es recomendable hacer pequeños arreglos de las obras (empleando otras notas de la armonía o haciendo algún tipo de variación melódica) para facilitar su interpretación, sobre todo en los coros de niños, adolescentes y amateur.

En otras ocasiones, se pueden tomar canciones que estén escritas a una voz y arreglarlas, adaptando los tonos para que las tesituras sean cómodas a todas las voces y añadiendo partes para dos, tres o cuatro voces.

Hoy en día son de gran utilidad los programas de edición de partituras que permiten comprobar el resultado sonoro del arreglo vocal y además se generan los archivos MIDI para el estudio de las voces por parte de los coralistas, se pueden imprimir las partituras tantas veces como se necesite, etc.

Expresión y emociones

La finalidad última de la interpretación musical está en la expresión de un mensaje a través del lenguaje cantado. El trabajo de la expresión emocional en un coro es fundamental también para el desarrollo de la voz puesto que ambas, emociones y voz, están íntimamente ligadas. El contexto emocional de aprendizaje va a ayudar a trabajar el componente emocional de las canciones de una manera creativa.

▶ **EJERCICIO 51:** Emociones: efectos vocales y gestos

El director propone realizar dibujos caras con las emociones básicas o los lleva ya preparados (en la red hay infinidad de material descargable).

En la primera parte del ejercicio el director va mostrando una a una las fichas y los coralistas emplean los gestos, el cuerpo y la cara (sin sonido) para simular el estado emocional que se menciona en la ficha. Al principio es interesante mencionar la emoción y poco a poco deben ser los propios coralistas los que interpreten las caras (identificar la emoción representada) y la expresen con sus propios gestos.

La segunda parte del ejercicio consiste en añadir a los gestos la voz para expresar la emoción cuando se muestran las fichas. Por ejemplo, el llanto cuando se está triste, la risa cuando se está alegre, etc.

Por último, se emplearán tan solo los sonidos para expresar la emoción de manera que se active la musculatura implicada en cada sonido.

▶ **EJERCICIO 52:** El recorrido emocional

A la hora de trabajar el repertorio es importante establecer las emociones que aparecen en la obra a modo de secuencia o recorrido de estados emocionales que serán de gran ayuda para interiorizar y memorizar las obras, así como para entender los elementos musicales que evocan las situaciones o emociones.

El proceso a seguir es:

➤ Escribir la letra de la obra en una pizarra o tenerla en papel.

➤ Junto a la letra escribir las emociones que se evocan.

➤ Analizar los elementos musicales que aluden a las emociones descritas.

➤ Cantar la obra empleando las fichas de las emociones de manera que se ayude a la memorización y a la expresión.

La memoria

Aprender las obras de memoria da seguridad y permite un disfrute mayor ya que se puede establecer un contacto visual más intenso con el director o con el resto de miembros de la agrupación.

Hay espectáculos en los que es necesario que el repertorio se cante de memoria porque hay movimiento, desplazamientos, etc. Es el caso de coros que participan en producciones de musicales, óperas o espectáculos escenificados.

En el caso de obras corales extensas o en los casos en los que el coro permanece en una posición estática se suele llevar la partitura, pero es necesario que, en la medida de lo posible, se conozcan las obras de memoria y que si se sostienen las partituras en la mano durante el concierto, sea simplemente como si fuera un guión o recordartorio.

El aprendizaje memorístico en un coro no puede limitarse únicamente a la repetición sino que el director debe apoyarse en otro tipo de recursos que ayuden a una memorización sistemática y duradera.

Cuando se canta o se interpreta música se implican varios tipos de memoria:

▷ La muscular: Es la memoria que va adquiriendo la musculatura por su uso continuado y automatizado. En el caso de la voz la adquisición de un buen esquema corporal vocal asegura que los músculos operen de manera automática cuando se canta una obra con la mera intención de hacerlo.

▷ La auditiva: Hace referencia a la capacidad de recordar melodías, ritmos, armonías, las entradas de las voces, los tipos de acompañamientos, etc. Es esencial en un coro ya que hay que escuchar lo que uno canta pero también tomar referencias auditivas de lo que hacen otras voces.

▷ La visual: En el caso del coro es importante prever los gestos del director para cantar coordinadamente.

▷ La cinestésica: Es la memoria que entra en juego para recordar movimientos, coreografías, la percusión corporal, etc.

▷ La textual: Permite recordar las letras de las canciones, su significado, su pronunciación y su coordinación con la melodía de las obras.

▷ La emocional: Permite evocar emociones mientras se canta y expresar las propias.

▶ **EJERCICIO 53:** Los musicogramas

Un musicograma es una sucesión de ideas musicales representadas por algún tipo de dibujo o símbolo. Realizar un musicograma como complemento al trabajo del recorrido emocional puede ser de gran ayuda para la memorización de las partes de la canción.

▶ **EJERCICIO 54:** Versos alternos

Un excelente ejercicio de memoria consiste en dividir el grupo en pequeños grupos (2-4 personas) y que cada pequeño grupo cante un verso de la canción. Por un lado se trabajará la memoria del verso que se tiene que cantar mientras internamente se repasará el que no se canta. Este ejercicio también favorece la concentración ya que el pulso se ha de mantener todo el tiempo.

▶ **EJERCICIO 55:** Memoria y ritmo

Un excelente recurso para la memorización de las obras es cantarlas interiormente y hacer el ritmo con el ejercicio de activación de la respiración: Ts-Ts

Variantes:

➤ Hacerlo según el ejercicio anterior, que cada subgrupo encadene un verso de la canción.

➤ Si la obra es a varias voces, hacerlo de manera polifónica.

 ## *Fuentes*

Existen en la red infinidad de recursos digitalizados, tanto gratuitos como de pago, que pueden facilitar al director el trabajo de selección del repertorio en caso de que no se disponga de un presupuesto para el alquiler o la compra de partituras y al mismo tiempo permiten la realización de arreglos o la extracción de los archivos MIDI de las partes con editores de partituras tipo Finale, Sibelius, MuseScore.

Algunas de las páginas de referencia son:

▌ Papeles de Música (https://papelesdemusica.wordpress.com/partituras/): Web de referencia sobre documentación musical en lengua española, muy actualizada y con infinidad de recursos y enlaces a otras páginas relacionadas con la musicología, la etnomusicología, bibliotecas digitales, partituras, etc.

▌ Petrucci Music Library (www.ismlp.org): Ordenados por compositores, formas, géneros, idiomas… se encuentran todo tipo de documentos libres de derechos: tratados, partituras, etc.

▌ Free choral music (http://www1.cpdl.org/): Ofrece un gran catalogo de obras corales con la posibilidad de descargar los archivos en pdf, midi, musicxml, finale, sibelius, capella, lilypond. Con los programas adecuados el director podrá, realizar con facilidad los arreglos, voces adicionales, *divisi* o acompañamientos con un editor de partituras. Para los coralistas será de gran ayuda disponer de los archivos midi para el estudio personal.

Asociación Americana de Directores Corales (American Choral Directors Association) dispone de dos páginas referentes:

▶ La primera (http://acda.org/index.asp): Dispone de enlaces a bancos de partituras o editoriales, a los artículos, audios de su propia emisora de radio, información relativa a los tipos de música coral, características de los coros y recomendaciones pedagógicas.

▶ La segunda (http://choralnet.org): Dispone de foros de discusión, banco de partituras, noticias sobre eventos, conciertos, conferencias, etc.

▶ La Universidad de Málaga posee un amplio archivo de partituras corales (http://www.uma.es/victoria/varios.html) con los archivos midi de autores desde el renacimiento hasta el siglo XX.

En estas páginas también existen infinidad de recursos de todas las épocas:

▶ http://www.orfeonmalaga.org/partituras.htm

▶ http://www.centrecoral.org/PARTITURES.htm

▶ http://www.marcovoli.it/Partiture/

▶ http://www.atrilcoral.com/base_par_pdf.htm

Metodología

 ### *Clasificación vocal colectiva*

En caso que se realice una prueba de admisión al coro es importante que se aproveche ese momento para realizar la evaluación y clasificación vocal, hecho que ahorrará mucho trabajo y permitirá ubicar a los participantes en el lugar más idóneo para su desarrollo vocal desde un primer momento.

La clasificación de las voces se debería realizar de manera individual empleando la ficha de valoración expuesta en la primera parte del libro pero esto no siempre es posible hacerlo de manera inmediata puesto que requiere dedicar unos minutos a cada coralista. Es aconsejable hacer una primera aproximación de manera colectiva y poco a poco ir valorando las voces de manera individual citando a dos o tres personas cada día al comienzo o al final del ensayo para así aprovechar el ensayo para el trabajo colectivo. Además hay que considerar que la exposición del coralista ante el resto del grupo puede dar resultados confusos porque puede inhibirse si no tiene suficiente experiencia vocal.

La valoración colectiva de las voces se puede realizar de la siguiente manera:

- En primer lugar se escoge una canción o la frase de una canción sencilla que no exceda el ámbito de una quinta y que preferiblemente tenga un diseño melódico descendente. En tempo moderato y con letra sencilla. Se puede enseñar por imitación y escribir la letra en la pizarra o dar la partitura a los participantes.

- Cuando todos han aprendido la frase, se colocan de pie y se explica que se va a cambiar el tono de la canción semitono a semitono y que cuando estén "incómodos" han de sentarse. Se ha de comenzar la frase entre el si2-do3 y el sol3-la3, en este ámbito todos los coralistas van a estar cómodos.

- Se empieza a transportar la frase semitono a semitono ascendiendo. Los primeros que se encuentren incómodos serán aquellos con voces más graves. Cuando los participantes vayan sintiéndose incómodos se irán sentando. El director apuntará la nota más aguda de la frase del primer coralista que se sienta incómodo, ese será el límite superior de la tesitura a tener en cuenta en las voces graves. El director anotará la nota más aguda que puede hacer el resto del grupo.

- Se vuelven a colocar todos de pie. De la misma manera se realizará el proceso comenzando en el ámbito si2-do3 / sol3-la3 y se descenderá progresivamente semitono a semitono. Las voces agudas serán las primeras en tener dificultades para emitir las notas graves. Cuando los participantes vayan sintiéndose incómodos se irán sentando. El director tomará nota más grave de la frase del primer coralista que se sienta incómodo, ese será el límite inferior de la tesitura a tener en cuenta en las voces agudas. El director anotará la nota más grave que puede hacer el resto del grupo.

Este procedimiento permitirá:

▶ Conocer los limites de la tesitura vocal del coro en su conjunto, es decir, la zona en la que los participantes van a cantar de manera cómoda. Este dato es fundamental tanto para hacer los ejercicios de técnica vocal como para seleccionar el repertorio o hacer los arreglos musicales.

▶ Ubicar a los participantes en grupos más o menos homogéneos para poder realizar trabajo polifónico y ver el equilibrio en el número de voces que hará que el coro suene compacto. Si se da el caso de tener un grupo desequilibrado (más voces graves que agudas o viceversa), es necesario plantear un trabajo polifónico en el que el ámbito vocal de las voces sea similar y se puedan intercambiar como en el caso de los quodlibets.

▶ En el caso de los niños se debe clasificar en primera y segunda voz, en el caso de los adolescentes en función de la etapa de la muda vocal y en el caso de los adultos en función de si son soprano/mezzo/contralto o tenor/barítono/bajo.

▶ Ubicar espacialmente a los partipantes en función de su tipo vocal tal y como se indica en las siguientes figuras:

Niños

Primera voz	Segunda voz

Adolescentes: En la siguiente tabla se especifica cómo agruparlos en función de la fase de la muda vocal en la que se encuentran:

Canto a dos voces

Parte I (aguda)	Parte II (grave)
Chicas: voz superior	Chicas: voz inferior
Chicos: Voz blanca (precambio)	Chicos: Media voz 1 (al unisono)
Media voz 2 (octava inferior)	Media voz 2a (octava grave)
	Nuevos barítonos (octava grave)

Canto a tres voces

Parte I (aguda)	Parte II (media)	Parte III (grave)
Chicas: voz superior	Chicas: voz intermedia	Chicas: voz inferior
Chicos: Voz blanca (Unísono)	Chicos: media voz 2a (octava grave), nuevos barítonos (octava grave)	Chicos: media voz 1 (al unísono)
Media voz 2 (octava grave)		

Adultos

Tenores	Bajos
Sopranos	Contraltos

o bien

Soprano	Contraltos	Tenores	Bajos

La estructura del ensayo

Estructurar la sesión de trabajo facilita la adquisición de las competencias vocales y musicales. Por otro lado hay que entender claramente que en las grandes partes en las que se divide un ensayo caben multitud de actividades que deben ser variadas, modificadas e implementadas de manera creativa y dinámica para no caer en la rutina o en el hastío. Las actividades deberían durar entre 3-5 minutos y han de ser convenientemente explicadas, pautadas y realizadas. El director debe ofrecer una correcta retroalimentación para que los coralistas vayan adquiriendo autonomía musical y vocal.

Si el ensayo dura más de una hora es conveniente realizar un pequeño descanso de 10-15 minutos para que no decaiga la concentración del grupo y el trabajo sea realmente efectivo.

Un ensayo tipo se podría dividir en cinco partes fundamentales que serían:

Recepción

Son los primeros minutos en los que cada participante se coloca en su sitio, se pasa lista en su caso, se ofrece información relevante en cuanto ensayos, salidas, repertorio y otras cuestiones de organización y se indica de manera somera qué se va a trabajar y con qué objetivo. También es conveniente destacar los avances que se han ido produciendo y los logros del coro. Es importante que el director comience de manera entusiasta y sea capaz de crear un ambiente positivo.

Calentamiento vocal

Es esencial realizar un calentamiento vocal como parte del entrenamiento vocal y se han de perseguir los siguientes objetivos:

- Equilibrar la función vocal, es decir, automatizar los mecanismos de la voz.

- Madurar conceptos vocales y musicales.

- Reconocer la propia voz, mejorar la percepción del sonido y asentar las sensaciones fonatorias.

- Desarrollar un modo de producción vocal eficiente, es decir, desarrollar un adecuado esquema corporal vocal.

Conforme los coralistas adquieren una mayor experiencia el calentamiento se realiza con el objetivo de activar los patrones musculares de la respiración y la emisión y de trabajar dificultades técnicas específicas.

No hace falta que sea muy largo y extenso pero sí que se realice de manera creativa y dinámica y no se descuide ninguno de los principios del funcionamiento de la voz (postura, respiración, emisión, resonancia, articulación). Además es conveniente compatibilizarlo con el aprendizaje del lenguaje musical trabajando a la par ritmos, intervalos, armonías, etc. Es el momento también para desarrollar la creatividad vocal a través de la improvisación vocal y musical en grupo.

Repertorio nuevo

En este momento, en el que la concentración es máxima, se deben trabajar obras nuevas o aspectos técnicos de mayor dificultad ya que la voz estará ya preparada y la mente centrada.

No es aconsejable realizar ensayos parciales en el montaje de las obras porque todos deben conocer las partes de los demás y la estructura general de la obra. Este tipo de ensayos en los que cada voz ensaya su parte (en obras polifónicas) se realiza a posteriori cuando se tienen que perfeccionar musicalmente la obra o trabajar dificultades propias de las voces por separado.

Es importante que el director señale de manera concreta y global los errores que se vayan cometiendo sin personalizar de manera pública la persona que cometió el error. Si es necesario después del ensayo y en privado puede indicar qué debe trabajar en concreto la persona para solucionar los problemas que le ocasionan errores recurrentes.

A la hora de trabajar obras nuevas es necesario que los coralistas entiendan la estructura global: número de voces, estilo, forma musical, compositor, letra o argumento; para después pasar a explicar de qué manera se va a trabajar.

En el proceso de montaje de una obra nueva se pueden seguir los siguientes pasos:

> ▶ Escuchar una grabación o vídeo con la partitura delante o habiendo escrito en una pizarra el esquema de la forma (introducción, estrofas y estribillos, puentes, codas, etc.) para tener una idea global. En obras sencillas el director puede cantar las partes mientras los coralistas siguen la partitura o ven el esquema de la obra en la pizarra.

> ▶ Lectura conjunta del texto, que puede estar escrito en la pizarra o seguirse en la partitura; en el caso de niños que no sepan leer se leerá en voz alta, se explicará, apuntando en el esquema de la forma musical qué pasa en cada parte de la canción con un di-

bujo (a modo de musicograma), de esta manera se fomenta la memoria visual asociada al aprendizaje de la canción. Si todos los coralistas entienden la lengua de la canción y su pronunciación se puede hacer una lectura conjunta en la que cada verso o estrofa sea leído por miembro diferente. Al terminar la lectura se responderán dudas (palabras que no se comprendan, metáforas, símiles, ironías, etc) para comprender el significado global de la obra que ha de poder resumirse en dos o tres frases como máximo. En este momento junto con el esquema de la forma musical se puede iniciar el trabajo del recorrido emocional, es decir, al lado de cada estrofa o verso se apuntarán las emociones que se expresan en cada parte.

▶ En este momento se puede iniciar el trabajo técnico y musical de la obra y en función del grado de competencia musical o vocal se pueden establecer dos procesos, el primero más centrado en el recurso de la imitación del ejemplo que proporciona el director y en la memoria de los participantes y el segundo más centrado en la lectura musical. Es importante tener en cuenta que poco a poco ha de hacerse una transición de un proceso a otro sin obviar que ambos tienen importancia en la formación musical del grupo.

A) IMITACIÓN Y MEMORIA: Para agrupaciones que no poseen conocimientos suficientes de lenguaje musical. Es el caso de coros de niños en sus comienzos o de coros amateurs. La imitación es un recurso muy potente ya que se activan las neuronas espejo, por ello es necesario que el modelo a imitar, es decir, el director, tenga una buena competencia tanto vocal como musical.

▶ El director canta una frase varias veces con el objetivo de que los coralistas tomen conciencia de la unidad de trabajo a aprender.

▶ Posteriormente el grupo canta la melodía de varias formas que ayudarán a la implementación de la técnica vocal en la canción: con trino de lengua o labios (Br/ Rr), sobre una (U), a través de la pajita, con sílabas (la-la-la; Kua-Kua-Kua). Se sigue este proceso con las diferentes voces de la canción.

‣ Se cantará el ritmo de la canción con Ts-Ts-Ts con el objetivo de memorizarlo. Y una vez que cada voz sepa el ritmo de su parte se puede hacer de manera conjunta. Es un ejercicio buenísimo para entender el concepto rítmico y trabajar la precisión.

‣ Se dirá el texto junto con el ritmo a modo de recitado, haciendo que las sílabas que ocupan varias notas sean más largas. En este momento entran en juego los órganos responsables de la articulación (boca, lengua, paladar, labios, mandíbula) siendo preciso que no se pierda la naturalidad y que no se exagere la pronunciación. Se hace primero voz a voz y después se puede hacer polifónicamente. En este momento se puede añadir algún tipo de movimiento (con o sin desplazamiento) o gesto (palmas, pitos, abrir y cerrar los brazos a lo largo de una frase, etc.) que ayude a la interiorización de la parte rítmica.

‣ Llegados a este punto los coralistas ya habrán repetido la frase entre 7-10 veces de diferentes maneras y podrán unir texto y música. Primero cada voz por separado y después juntas. Si la canción tiene varias letras es mejor asentar la primera letra con la música en un ensayo e introducir las otras letras en ensayos posteriores por estar más interiorizada la parte musical.

Es importante que el trabajo sea sistemático y que al final del ensayo aquello que se haya trabajado esté completamente aprendido, de manera que a la hora de estudiar individualmente se tenga suficiente seguridad de estar haciéndolo bien.

Para realizar la transición del trabajo imitativo-memorístico a la lectura los coralistas se pueden apoyar en archivos midi de las partes corales, karaokes o bases de acompañamiento. En este proceso cuyo principal objetivo es aumentar la autonomía vocal y musical es fundamental el trabajo que se realiza en la primera parte del ensayo y se deben ir relacionando los conceptos trabajados de manera aislada con su empleo en las obras. Por poner un ejemplo: si en la obra aparece un ritmo característico, por ejemplo un vals, en el calentamiento vocal se harán ejercicios para entender la estructura ternaria, la sensación de balanceo, se escribirá el patrón rítmico en la pizarra para asimilar la escritura con el ritmo, se practicará el ritmo con diversos ejercicios vocales, percursión corporal, etc… De manera que después los coralistas aprendan a identificar la escritura de la partitura con el elemento musical trabajado. Por ello, es importante que se trabajen obras sencillas con pocos conceptos musicales (melódicos, rítmicos, armónicos, etc.) y que estos se repitan.

B) LECTURA MUSICAL: Para agrupaciones en las que los coralistas leen partituras y ya poseen una cierta competencia vocal, el trabajo de montaje de las obras suele ser mucho más ágil ya que se puede plantear a la inversa. Es decir, el coralista puede acudir al ensayo con la partitura aprendida musical y vocalmente de manera que el proceso de montaje sea más rápido ya que se pueden trabajar secciones completas (estrofas o estribillos) en lugar de ir frase a frase. Se puede ofrecer de manera orientativa la siguiente secuencia:

▶ Cantar la melodía de cada voz por separado ya sea solfeando, con Br, con U, o con sílabas (Kua-kua-kua o la-la-la) para detectar posibles errores de lectura y corroborar que tanto la afinación como el ritmo están correctamente aprendidos.

▶ Cantar todas las voces juntas. Se puede variar el trabajo según las necesidades y las dificultades vocales que se presenten de manera que ya en este trabajo previo se esté trabajando técnicamente.

▶ Decir el texto con el ritmo, como prosodia primero cada voz por separado y después juntos. Este trabajo es fundamental para trabajar la articulación y la expresión de la obra.

▶ Cantar la obra con música y texto prestando atención al fraseo, las entradas, las dinámicas, etc. En este momento el director detectará posibles errores que se produzcan: entradas difíciles ya sea por ritmo o afinación, texto que no se comprende bien, ataques del sonido, intervalos difíciles de afinar, disonancias entre las voces, expresión, etc.

▶ Intentar al final del trabajo que los coralistas canten de memoria la obra para no depender de la partitura permanentemente. Puede ser interesante realizar diferentes disposiciones de los miembros de la agrupación, colocarse en diferentes puntos de la sala para trabajar la percepción del sonido o cantar al mismo tiempo que se realiza algún tipo de movimiento, ya sea con o sin desplazamiento, que ayude a mejorar la expresión de la obra.

Repertorio aprendido

El trabajo de montaje de las obras requiere bastante concentración y suele ser en este momento cuando se realiza una pequeña pausa en los ensayos que duran más de una hora. Si no es así es necesario hacer un cambio de actividad y pasar a cantar el repertorio que ya está aprendido.

Cantar obras conocidas permite ahondar en aspectos interpretativos (nuevas letras de la misma canción, dinámicas, expresión, memoria) y de la puesta en escena (coreografías, gestos, teatralización, etc.) que al mismo tiempo ayuda a mejorar el sentimiento de competencia musical y vocal del grupo.

En todo ensayo se debería tomar esta sección como un momento de disfrute en la que el director refuerce todos los aspectos positivos de la interpretación. Si el trabajo se hace de manera progresiva, coherente y lógica, y el repertorio está bien seleccionado, el director no tendrá que hacer demasiadas indicaciones en este momento y se interpretar la obra de principio a fin.

Cierre

El director debe repasar verbalmente el trabajo realizado, indicar en qué se debe centrar el trabajo individual hasta el siguiente ensayo y sobre todo reforzar el esfuerzo y los logros de ese ensayo.

Es el momento de preguntar si hay algún tipo de duda o pregunta porque es muy frecuente que algunos coralistas esperen a que los compañeros se hayan marchado para preguntar cuestiones de interés general de manera particular.

Si hay alguna actividad extra (un concierto, ensayos extras, etc.) es necesario recordarla al finalizar el ensayo. En este momento en el que el cansancio se suele hacer patente y la concentración es mínima hay que procurar ser breve.

El concierto

El concierto es el evento musical en el que se muestra el trabajo realizado, todo aquello que se ha aprendido, es un momento de valoración del
autoaprendizaje y mejora personal pero sobre todo ha de ser un momento en el que prime el placer de cantar juntos y de compartir la experiencia con un público. Es un momento de socialización del propio
grupo ya que los coralistas pasan varias horas juntos antes, durante y
después del concierto.

La preparación

En primer lugar hay que entender que el proyecto musical que desarro-
lle el coro va a tener cabida en un tipo de circuito (música clásica, música moderna, certámenes corales, espectáculos musicales, etc.) y que
habrá fechas señaladas para proponer el concierto (festivales de verano,
intercambios, monográficos de un tipo de música, etc). Por lo tanto, la
gestión de un concierto comienza algunos meses antes y no debe ser
algo improvisado ya que no sólo la preparación musical es importante
sino también la logística y el presupuesto necesario para movilizar a la
agrupación.

En primer lugar hay que entender que el proyecto musical que desarro-
lle el coro va a tener cabida en un tipo de circuito (música clásica, música moderna, certámenes corales, espectáculos musicales, etc.) y que
habrá fechas señaladas para proponer el concierto (festivales de verano,
intercambios, monográficos de un tipo de música, etc). Por lo tanto, la
gestión de un concierto comienza algunos meses antes y no debe ser
algo improvisado ya que no sólo la preparación musical es importante
sino también la logística y el presupuesto necesario para movilizar a la
agrupación.

El equipo de gestión junto con el director del coro deberán delimitar los proyectos en los que se van a implicar en función del tipo de coro
y trabajar conjuntamente para cumplir con los objetivos marcados.

Es tarea del equipo de gestión contactar con las instituciones, gestionar económicamente los recursos necesarios para poder hacer el concierto, elaborar la documentación necesaria como puede ser el dossier
de propuesta de concierto, los programas, las notas de prensa, la gestión
de las redes sociales, las grabaciones, etc.

Una vez se concreten estos proyectos el director ha de realizar el
trabajo de planificación de repertorio y ensayos pensando en la capacidad del coro y en el tiempo disponible. Es fundamental que la selección
del repertorio que se va a ir trabajando a lo largo de un determinado
periodo de tiempo (un mes, un trimestre, seis meses, un año…) y los
tiempos de trabajo, permitan una correcta asimilación del mismo. En el

caso de que la realidad no supere las expectativas hay que ajustar estas últimas a las primeras y no al revés, es decir, hay que plantear repertorios más sencillos y mayores tiempos de ensayo. Se debería tener el repertorio perfectamente aprendido al menos tres ensayos antes del concierto.

El día del concierto

Es el momento en el que se muestra el trabajo conjunto y se ha de vivir como una gran fiesta musical en la que debe primar el disfrute de la interpretación musical colectiva y el hecho de compartir la experiencia. Los coralistas han de sentirse preparados y con ganas de disfrutar del acontecimiento.

Es fundamental atender convenientemente a las cuestiones logísticas de desplazamientos, manutención, vestuario, instrumentos y material necesario, etc. Se recomienda llegar al menos dos horas antes del comienzo del concierto para poder hacer una prueba de sonido, familiarizarse con el lugar, tener tiempo para hacer un calentamiento vocal, para maquillarse o vestirse, etc.

El director debe tener la suficiente seguridad en el trabajo realizado y calmar los nervios que suelen aparecer en los coralistas, sobre todo las primeras veces que actúan en las que sentirán una cierta inseguridad por si no recuerdan las letras, por si no entran bien, por si desafinan... El director debe conseguir establecer un equilibrio entre seriedad y diversión. Debe ser riguroso pero debe fomentar que hacer música sea divertido y placentero.

Se han de organizar las entradas y salidas del escenario para no perder tiempo y se hace por filas empezando por las traseras y acabando por las delanteras. Se debe indicar que deben caminar tranquilos (ni muy despacio ni muy deprisa) y cuando lleguen a su sitio guardar silencio y mantener la calma hasta que todo el coro esté colocado.

Tras finalizar el concierto se debe saludar y para ello es conveniente que se ensaye previamente el saludo que se va a realizar de manera conjunta.

Es el momento de compartir los aspectos positivos de la experiencia, el director debe felicitar a los coralistas por el trabajo realizado y mostrar orgullo por el esfuerzo independientemente de que los resultados hayan sido buenos o malos.

Después del concierto

El director debe dejar la valoración objetiva para el ensayo posterior al concierto. Las personas reciben de buen agrado aquellas sugerencias e indicaciones que les ayudan a mejorar si se realizan en un contexto emocionalmente seguro y de una manera lo más directa y objetiva posible.

Este momento es de un gran valor tanto musical como humano ya que este tipo de reflexiones colectivas cohesionan al grupo y permiten alcanzar un consenso sobre las líneas de trabajo a seguir tanto individual como colectivamente.

Si se ha grabado el concierto es interesante escucharlo en grupo para que comprueben si sus sensaciones se corresponden con la realidad.

Es un momento de reflexión colectiva en el que cada miembro debería contestar públicamente algunas cuestiones del tipo:

▶ ¿Qué es lo que más le ha gustado y qué es lo que menos?

▶ ¿Cómo se ha sentido?

▶ ¿Qué se podría mejorar a nivel colectivo e individual?

Se obtiene mucha información valiosa y el director podrá valorar el grado de autopercepción y comprensión del propio aprendizaje. Es conveniente que la opinión del director se deje para el final y que se formule de manera positiva indicando aquello que se debe mejorar y el plan para ello.

El director debe valorar a posteriori si sus expectativas para con el grupo han sido cumplidas o no y, en el caso de que no se hayan ajustado a la realidad del grupo, debe revisar aquellos aspectos susceptibles de mejora.

3

LA CREACIÓN DE UN CORO

En esta tercera parte del libro se ofrecen diferentes tipos de estrategias que ayudarán a la creación, gestión y organización de un coro. Una adecuada planificación deviene fundamental para que el grupo no se estanque y no cese en su evolución pero también es necesario definir el proyecto y sus características para que todos los integrantes de la agrupación se identifiquen, los sientan como propio, aúnen esfuerzos y se comprometan con el mismo.

Los tipos de coros

Los aspectos que motivan la creación de un coro, es decir, el por qué se hacen las cosas o con qué motivación va a condicionarlo todas las decisiones que se tomen en la agrupación. Por ejemplo, un coro de niños que se forma en un colegio como actividad lúdica va a tener unos condicionantes muy diferentes a un coro de niños profesional que participa en producciones musicales. De la misma manera, un coro de cámara cuya finalidad sea interpretar un determinado tipo de repertorio no va a tener nada que ver con un coro amateur cuyo objetivo primordial será seguramente la socialización y el ocio.

Los criterios que se deben tener en cuenta a la hora de comenzar un proyecto y que van a definirlo son:

- La edad de los participantes: ya que en función de su maduración física y mental, la capacidad de aprendizaje y de asimilación de conceptos, así como el enfoque didáctico a adoptar van a variar. Por poner un ejemplo, los adultos necesitan comprender racionalmente aquello que hacen y porqué las cosas son como son para entender por qué perciben unas u otras sensaciones a la hora de cantar. En cambio los niños, cuanto más pequeños son, aprenden más rápido través de la experimentación y la imitación.

▶ El número de participantes y su tipología vocal (coros de voces iguales o mixtos): va a condicionar en el tipo de repertorio si se puede cantar a una, dos, tres o cuatro voces así como las dinámicas de trabajo tanto de la técnica vocal como del repertorio.

▶ La experiencia vocal previa: si los participantes no han cantando nunca o no están acostumbrados a cantar junto con otras personas será necesario un enfoque en el que el primer objetivo ha de ser el desarrollo de la competencia vocal sobre todo a través de la imitación de buenos modelos. Si los participantes tienen mayor experiencia el trabajo vocal puede limitarse a un calentamiento o a resolver dificultades técnicas específicas del repertorio que se está trabajando.

▶ La experiencia musical previa: los conocimientos musicales van a ser potenciadores o limitantes a la hora de aprender un determinado repertorio. Cuando los miembros del coro son capaces de leer música pueden afrontar repertorios complejos de una manera más solvente y a mayor velocidad. Los coros con poca competencia en lectura musical deben dedicar parte de los ensayos a trabajar este aspecto y puede hacerse mientras se aprende la técnica vocal y apoyándose en diferentes recursos desarrollados por diferentes pedagogos como son las fononimia, la lectura melódica a partir de letras, el trabajo del ritmo y la letra por separado, etc. Además se deberá recurrir a recursos que favorezcan la memorización del repertorio como pueden ser los MIDIS con las partes de las obras, los Karaokes o bases de acompañamientos, etc. que permitan el estudio del repertorio de manera individual fuera del ensayo y faciliten la memorización de las obras.

▶ Las sesiones de trabajo semanal y su duración: el responsable de la actividad debe ser muy consciente de que el tiempo disponible para el trabajo ha de ser aprovechado y planificado para obtener resultados en el medio pero sobre todo en el largo plazo, y el director ha de ser consciente de los factores anteriormente mencionados, sobre todo a la hora de seleccionar el repertorio, aspecto clave para que el grupo se mantenga motivado y unido. En demasiadas ocasiones se observan coros que cantan obras demasiado complejas y este hecho genera en el grupo un sentimiento de invalidez y frustración. Es aconsejable "pecar" por fácil que por difícil ya que fomentar el sentimiento de competencia es una de las claves para mantener la motivación de los coralistas. En cada sesión de ensayo se debería aprender algo nuevo de una manera completa que haga sentir que se es competente en aquello que se canta.

▶ El grado de profesionalización del mismo. Las exigencias en cuanto a todos los criterios anteriores serán mayores si la finalidad del coro está encaminada a realizar proyectos profesionales por los que el coro recibe remuneración o se trata de una actividad didáctica y/o lúdica.

Los coros se clasifican generalmente según: las edades, el número de miembros, el grado de profesionalización y la tipología social.

<u>Coros según las edades de los participantes</u>

Según las edades de los participantes encontramos:

▶ Coros infantiles: pueden ser de niños, de niñas o mixtos. De edades comprendidas entre los 6-7 y los 12-14.

▶ Coros juveniles: de mujeres, de hombres o mixtos. Coros de adolescentes que están atravesando la muda vocal. Son voces en desarrollo y con particularidades propias.

▶ Coros de adultos: de mujeres, de hombres, mixtos y de voces iguales (voces que cantan en una misma tesitura).

Coros según el grado de profesionalización

Encontramos tres tipos:

▶ Amateurs: los coralistas realizan la actividad como parte de su ocio y para su propio enriquecimiento personal, ya sea vocal, musical, social o cultural. Es posible que sus miembros deban pagar una cuota o formar parte de la institución para poder participar. Puede existir prueba de acceso o no. En todo caso, ésta se realiza generalmente para valorar la salud vocal del participante y su oído musical.

▶ Semi-profesionales: son aquellos en los que los coralistas reciben algún tipo de remuneración por su labor pero ésta no es su principal fuente de ingresos. Son coros sujetos a mayores exigencias vocales y musicales. Suelen ser coros de cámara especializados en un determinado repertorio o tipo de espectáculos. Se suele hacer prueba de acceso en la que se valora el nivel vocal, musical, ya que se exige una gran autonomía de estudio, y la implicación del coralista en el proyecto. Generalmente se realizan pocos ensayos y los miembros acuden a los mismos con el repertorio perfectamente aprendido, de manera que en el ensayo se trabajan directamente aspectos interpretativos y de coordinación musical.

▶ Profesionales: son aquellos que dependen de grandes instituciones y en los que los coralistas reciben un sueldo fijo por su trabajo. Son los coros de los teatros de ópera, sinfónicos, etc. Los requisitos de acceso a los mismos son bastante exigentes ya que requieren de una completa formación vocal y musical, titulación oficial y una prueba de acceso que comprende pruebas de lectura a primera vista, de canto solista, de canto en grupo y de obras corales obligadas.

Coros según el número de miembros y requisitos de acceso

El número de miembros de la agrupación va a determinar aspectos organizativos, formativos y de repertorio:

▶ Cuarteto vocal: agrupación en la que existe un miembro de cada tipo de voz. Requiere una gran competencia vocal y musical de sus miembros, permite transformar en un espectáculo la música. Suelen exigir una gran competencia y excelencia musical y vocal y una gran implicación personal en el proyecto.

▶ Coro de cámara: existen entre 2 y 4 miembros de cada tipo de voz (entre 10 y 16 en total). Son la mayoría de coros semi-profesionales ya que se requiere competencia vocal y musical de sus miembros y a nivel organizativo son viables económicamente los proyectos que se realizan. Suelen tener una prueba de acceso en la que se valora el nivel musical y vocal del aspirante.

▶ Coro mediano: existen entre 5 y 10 miembros de cada tipo de voz (entre 20 y 40 en total). La mayoría de los coros amateurs.

▶ Gran coro: existen más de 10 miembros de cada tipo de voz (entre 40 y 100 en total). Son los coros universitarios, los sinfónicos o los de los teatros de ópera.

Tipología social

En función de la institución a la que están vinculados o la finalidad social se pueden encontrar:

Entre los coros infantiles y juveniles:

▶ Coros escolares. Se forman en los colegios o escuelas de música y tienen una finalidad claramente pedagógica. Prima la formación vocal y musical de los mismos y el repertorio está condicionado a este proceso formativo. Se suele cantar todo tipo de músicas. Se suelen agrupar las voces por franjas de edades para poder diseñar el proceso de enseñanza-aprendizaje de una forma lógica.

▶ Escolanías. Tradicionalmente han existido agrupaciones corales de niños en monasterios y catedrales. Hoy en día siguen existiendo y ofrecen formación musical a los niños (algunas están abriendo la iniciativa a las niñas también). Se interpreta repertorio religioso en los oficios o en celebraciones especiales. En muchas ocasiones, dado el buen nivel musical y vocal que alcanzan participan en producciones de música clásica (óperas, sinfonías, etc.) que requieren un coro de niños.

▶ Coros de comunidad: son coros de niños vinculados a asociaciones vencinales, instituciones públicas, fundaciones, etc. con finalidad pedagógica y en muchos casos de integración cultural y fomento de valores de tolerancia y convivencia. Además de suponer una actividad lúdica se produce un aprendizaje en un contexto más informal por ser una formación no reglada.

▶ Coros institucionales vinculados a un teatro de ópera: algunos teatros tienen programas de coros infantiles que participan en diferentes tipos de producciones.

Entre los coros de adultos:

▶ Coros civiles, ligados a asociaciones, sindicatos, etc. Son coros amateurs que se crean para mejorar la cohesión social, ofrecer una oportunidad de ocio y acceso a la cultura.

▶ Coros sociales, vinculados a un proyecto de una ONG. Tienen una clara finalidad socializadora e integradora y en este tipo de agrupaciones es más relevante el papel que desarrollan en cuanto al fomento de la integración social y de los valores de respeto y tolerancia. Son coros que se crean en las cárceles, en zonas de exclusión social, en comunidades multiculturales, etc. Su finalidad social no debe estar reñida con una calidad musical del mismo, de hecho, es la capacidad del grupo de superar dificultades y compartir un proyecto musical común lo que les otorga el mayor valor.

▶ Coros universitarios: Existe toda una tradición de coros fundados en el marco de las universidades. Algunos de ellos han llegado a interpretar grandes obras sinfónico-corales dada su magnitud y dedicación. Los coros universitarios se crean con la finalidad de ofrecer a sus estudiantes una alternativa de ocio, una oportunidad de socialización e integración en la comunidad, una oportunidad de crecimiento personal y de participación en un proyecto musical.

▶ Coros religiosos: Vinculados a entidades religiosas que cantan en los oficios y celebraciones repertorio religioso.

▶ Coros de empresa: Cada vez más se emplean agrupaciones corales para cohesionar a los trabajadores de las empresas por el poder de generar un sentimiento de pertenencia y por vivenciar la importancia del trabajo en equipo a través de una actividad lúdica y enriquecedora.

La admisión

Los coros suelen buscar a menudo nuevos integrantes por multitud de razones (se jubilan, se mudan a otra ciudad, abandonan el proyecto, etc..) y para ello establecen las condiciones o requisitos que deben tener los futuros aspirantes.

Los coros amateurs suelen hacer convocatorias abiertas en varios momentos del año, generalmente suele ser al inicio de la temporada/ curso escolar. Si para la participación no son necesarios conocimientos vocales o musicales suelen publicitar la convocatoria y, llegado el momento, hacer una pequeña valoración de la posible experiencia musical acompañada de algún ejercicio de vocalización para valorar el tipo de voz y el oído musical del aspirante.

En el caso de los coros profesionales y semi-profesionales tal y como sucede en cualquier oferta de trabajo se suele hacer una convocatoria más específica en la que se detallan los requisitos de los aspirantes y las características de la prueba de acceso.

Se pueden distinguir dos tipos de procesos: el de los coros privados y el de los coros de los organismos públicos.

Los coros que dependen de entidades privadas suelen hacer públicas sus convocatorias en sus webs y medios sociales para atraer hacia el proyecto a un número suficiente de coralistas aspirantes con la finalidad de elegir a los mejores. En el caso de los coros profesionales los requisitos musicales y vocales suelen ser mayores que en los semi-profesionales.

Las pruebas de acceso suelen consistir en: una vocalización, la interpretación de una obra como solista libre y/o obligada, una lectura a primera vista y la interpretación de una parte coral que puede realizarse con el resto de las partes vocales o tan solo con el acompañamiento al piano.

Las convocatorias de coros profesionales de los organismos públicos aparecen en sus webs y en los boletines oficiales y han de ser leídas con detenimiento puesto que los requisitos son, generalmente, excluyentes, es decir, basta con no cumplir con uno de ellos para no poder aspirar al puesto. Los requisitos hacen referencia a: nacionalidad, mayoría de edad, titulaciones oficiales que acrediten la formación vocal y musical, conocimiento de los idiomas oficiales, etc.

Cuando se trata de organismos públicos suelen establecerse plazos legales para presentar la documentación, para baremar los méritos o experiencia profesional previa (si es el caso) y para fijar la fecha de las pruebas. Por lo tanto los aspirantes contarán con algo de tiempo para prepararla, esto es especialmente importante si se piden obras obligadas tanto de canto solista como partes de un coro.

Las pruebas suelen tener varias partes que pueden ser o no eliminatorias: una primera fase en la que el aspirante canta la obra obligada y en ocasiones una libre, y una segunda fase en la que se realiza un ejercicio de vocalización, una lectura a primera vista y se interpreta una parte coral de las propuestas en la convocatoria oficial. En la primera fase se suele valorar la competencia vocal (técnica e interpretativa) del aspirante y en la segunda fase se valora la competencia musical y de los idiomas (si las partes vocales obligadas se cantan en diferentes idiomas) y a detalles de la voz que no hayan sido apreciados suficientemente en la primera fase.

Algunas recomendaciones para aquellas personas que aspiran a un puesto en un coro profesional o semi-profesional son:

> Estar suscrito a boletines de noticias oficiales (páginas de ministerios, teatros, orquestas, etc.), novedades de federaciones de coros, coros, etc., para enterarse de las convocatorias.

> En el caso de los coros profesionales, suelen haber pocas plazas para muchos aspirantes así que el nivel de exigencia es muy elevado en cuanto a la preparación vocal, musical, de idiomas, repertorio, etc. Es importante presentarse si se reúnen los requisitos porque en muchas ocasiones aunque no se consiga la plaza

en plantilla, se abren bolsas de trabajo para posibles refuerzos que se puedan necesitar en grandes producciones.

▪ Conseguir las partituras de las obras obligadas solistas y las partes corales y prepararlas con esmero. Suele ser conveniente ensayarlas con un pianista puesto que seguramente para la prueba la organización aporte un pianista oficial con el que no existirá tiempo de ensayo y únicamente se podrán dar breves indicaciones (cambios de tempo, cadencias, cortes, etc.).

▪ El día de las pruebas es conveniente llegar con tiempo suficiente y con la voz en condiciones de cantar en cualquier momento por lo tanto es muy importante hacer un buen calentamiento en casa. Es muy posible que no se disponga de espacios para poder calentar la voz en el lugar donde se desarrollan las pruebas. Llevar copias de las partituras, agua, algo de comer (a veces las esperas son largas y no siempre se encuentran alimentos que aporten energía), etc.

▪ Cada cual conoce su capacidad de concentración y de mantenerse sereno pero es recomendable hablar poco y mantener una actitud positiva.

▪ En muchas ocasiones y dependiendo del número de aspirantes que tiene que valorar, el tribunal puede cortar la interpretación del cantante. Esto no quiere decir que quede excluido, puede significar que han oído suficiente y el resto de la obra no va a aportar nada nuevo. Son procesos de selección duros y hay que mantener la serenidad hasta el final.

▪ Los resultados de las pruebas parciales suelen darse al finalizarse, sobre todo si son eliminatorias. Los resultados finales no se suelen dar ese día sino que son publicados en los boletines y en las webs oficiales.

Los roles de la agrupación

A la hora de definir el proyecto coral es preciso tener en cuenta las características y funciones de cada una de las personas que desarrolla un determinado rol.

El director del coro

La persona que está al frente de una agrupación vocal es el principal responsable de la formación vocal y musical de sus miembros por lo que debe reunir las siguientes cualidades:

- Musicalmente competente, debe ser un buen músico y poseer conocimientos musicales en lo que respecta a la lectura y escritura musical, un buen oído, conocimientos de dirección de coros y competencia a la hora de hacer o tocar arreglos sencillos en el piano o de realizar diferentes tipos de ejercicios adaptados a las características del coro.

- Vocalmente competente, ha de ser un buen modelo a la hora de cantar puesto que la imitación es una herramienta muy poderosa. También debe conocer las características de la voz y cómo funciona. Es difícil enseñar determinados conceptos relativos a la técnica vocal si no existe un buen dominio de la propia voz. No es necesario que el director realice una carrera como cantante pero sí que sepa cantar y tener conocimientos teóricos y prácticos de técnica vocal para saber indicar a los coralistas cómo mejorarla.

- Ha de poseer conocimiento suficiente sobre los gestos empleados en la dirección coral y su aplicación al repertorio.

- Ha de estar musicológicamente bien informado, esto quiere decir que ha de conocer el repertorio más adecuado a cada tipo de agrupación y saber adaptarlo en caso de que sea necesario. Es conveniente que sepa hacer pequeños arreglos musicales para poder combinar rigor con flexibilidad en el aprendizaje.

- Ha de ser competente en los idiomas que se cante y conocer perfectamente cómo se deben pronunciar.

- Poseer una gran capacidad de liderazgo, entusiasmo y dedicación, es decir, poseer una gran inteligencia emocional y de gestión de grupos para favorecer siempre un buen clima en el grupo y saber gestionar los conflictos o dificultades que se puedan ir presentando. Los coralistas deben percibirle como líder confiable y una buena guía.

No siempre es fácil que una misma persona reúna un perfil de experto en todas las facetas que desarrolla el director del coro. Por ello es de sabios reconocer las propias limitaciones y sobre todo, saber cuándo se ha de acudir aunque sea de manera puntual a otros profesionales que puedan ayudar o asesorar al director. Es el caso del profesor de canto, del pianista o del coreógrafo que pueden formar parte del equipo artístico de una manera puntual o permanente.

El profesor de canto o experto en técnica vocal

En muchos coros el profesor de canto, mientras se produce el ensayo, va dando clase individual a sus componentes y va ofreciendo una retroalimentación individual que es esencial para la evolución individual y que redundará en una mejora del colectivo.

Generalmente el profesor de canto asesora al director en cuestiones relativas a la clasificación vocal, al tipo de trabajo técnico más conveniente a nivel grupal e incluso realiza el calentamiento vocal al comienzo del ensayo.

Acudir a un experto en técnica vocal es recomendable en los siguientes casos:

- El coralista tiene un problema vocal concreto que requiere una atención individual.

- Los alumnos están atravesando el periodo de la muda vocal y se necesita tener una retroalimentación periódica e individualizada para valorar en la fase vocal que se encuentra.

- El coralista siente que quiere mejorar su manera de cantar por el simple hecho de conocer más recursos vocales.

El pianista

En función del tipo de repertorio que se interprete y del nivel de competencia que tenga el director del coro al piano, se suele contar con un pianista que acompaña las obras en los ensayos y en los conciertos.

Suele ser de gran ayuda al director que tras el ensayo comenten el trabajo realizado para mejorar los enfoques de las siguientes sesiones. El intercambio de ideas es fundamental en el proceso de mejora del colectivo y no debería desaprovecharse la oportunidad de enriquecerse mutuamente.

El coreógrafo

Aumentar la conciencia corporal y la autopercepción es fundamental para mejorar vocalmente, el movimiento en muchos momentos ayuda a interpretar vocalmente la música con menos tensiones y rigidez corporal.

Cada vez es más frecuente encontrar coros en los que el componente visual del movimiento de los participantes constituye una parte importante del espectáculo y para diseñar este trabajo corporal, cada vez más, se cuenta con un bailarín o coreógrafo que asesora al director y/o trabaja con el grupo grupo.

Los coralistas

Son la razón de ser del proyecto, el conjunto de personas que deciden embarcarse en la experiencia de cantar juntos. Son el alma del proyecto y como tales han de ser tenidos en cuenta a la hora de tomar decisiones importantes como los horarios de ensayo, la participación en certámenes, concursos o festivales, viajes, etc.

Es aconsejable que se realice un trabajo de definición de la agrupación en cuanto a los valores que se van a compartir y la motivación o razón de ser para aquellos miembros que se suman al proyecto a posteriori. La formulación por parte del grupo de aquellos aspectos definitorios van a ayudar a todos los miembros a identificarse en el colectivo y por tanto a aumentar su compromiso e implicación en el proyecto.

Las siguientes preguntas pueden orientar este trabajo:

- ¿Qué tipo de coro somos? Grande, mediano, de cámara.

- ¿Qué tipo de repertorio queremos interpretar? Música clásica, moderna, popular, religiosa, étnica, etc.

- ¿Qué grado de competencia vocal y musical van a tener los coralistas al principio? Con o sin conocimientos previos.

- ¿Cuál es el objetivo final de la agrupación? El aprendizaje musical a través de la voz, el disfrute musical, la interpretación de un determinado repertorio…

Por otro lado, es importante que la agrupación sea consciente de que hay unas reglas básicas de urbanidad que han de ser respetadas para que el trabajo en equipo sea realmente efectivo:

- Puntualidad: es una gran virtud y hay que tener en cuenta que la hora de comienzo del ensayo no es la hora de llegada al local de ensayo. Es importante, para aprovechar al máximo el mismo, que todos los componentes estén preparados y ubicados convenientemente para empezar el ensayo con puntualidad.

- Asistencia a los ensayos e implicación en el proyecto: generalmente participar en un coro es una actividad voluntaria y por tanto asistir a la misma ha de suponer un momento de ocio enriquecedor para los participantes y para ello las dinámicas de trabajo que se establezcan en el ensayo son clave.

- El trabajo individual: si el tiempo que se dedica al ensayo después no tiene una cierta continuidad con estudio individual, los avances serán muy lentos. Es necesario que los coralistas dediquen algo de tiempo a recordar lo que se ha aprendido, a repasar las letras, a entrenar vocalmente las obras, etc. Obviamente cuanto mayor sea la competencia vocal y musical más sencillo será este trabajo individual.

El jefe de cuerda

En agrupaciones corales grandes suele ser necesaria la creación del jefe de cuerda cuya labor es fundamental cuando se hacen ensayos parciales, o lo que es lo mismo, ensayos de cada voz por separado. Ha de ser un trabajo perfectamente coherente con las indicaciones que el director haya ofrecido en los ensayos totales y este tipo de trabajo ha de ser convenientemente pautado, con unos objetivos concretos.

La características de un buen jefe de cuerda son:

> Poseer una buena lectura musical y sentido del pulso.

> Poseer una buena técnica vocal para que el resto de coralistas puedan realizar una adecuada imitación cuando tenga que hacer algún tipo de correcciones.

> Conocer la fonética de los idiomas que se canten.

 ## *El archivero*

Para agilizar las labores de organización del material, las agrupaciones nombran a una persona que se responsabiliza de la gestión y custodia de las partituras, atriles, sillas, instruementos, etc.

El director comunicará al archivero el trabajo que se va a realizar en el ensayo para que éste pueda preparar todo el material y su disposición antes de que comience. Tras el ensayo es el responsable de que todo quede perfectamente guardado.

 ## *Equipo de gestión*

En proyectos musicales no profesionales este tipo de actividades recaen en alguno de los coralistas que se implica en estas labores o en aquellos que forman parte de la junta directiva del mismo. En proyectos profesionales suele existir un equipo que se encarga de las siguientes tareas extramusicales:

▶ Relaciones institucionales: establecer contactos con otros coros, instituciones (ayuntamientos, asociaciones de vecinos, federación de coros, etc.) con la finalidad de facilitar encuentros, conciertos, etc.

▶ Comunicación: elaboración de programas, curriculum del coro, grabaciones, fotografías, redes sociales, web, relación con periodistas y medios de comunicación, etc.

▶ Financiación: se encargan de buscar recursos económicos para la realización de viajes, conciertos, pagar a los profesionales, compra de material, etc. Los recursos económicos pueden proceder de: cuotas de los coralistas, subvenciones, venta de cd, lotería, camisetas, patrocinios, etc.

Espacios y material

Al tratarse de una actividad colectiva se ha de pensar que las necesidades de espacio van a ser un condicionante importante ya que según del número de coralistas se necesitará una sala más o menos grande.

Suele ser recomendable que la sala sea diáfana, con sillas y atriles plegables para facilitar tanto el trabajo corporal y vocal como el musical.

El director debería tener una silla regulable en altura para que todos los coralistas puedan verle. También es conveniente que exista un espejo.

Un teclado, una mesa, una pizarra y un armario son opcionales pero recomendables, el teclado para realizar diferentes tipos de ejercicios musicales y vocales, acompañamientos sencillos, etc.; la mesa para colocar el material necesario que se empleará en el ensayo y el armario para guardar el material tras la sesión. La pizarra pautada será de gran ayuda en el caso de que se tenga que hacer trabajo de educación musical en la sesión.

Hoy en día los recursos digitales pueden ser de gran ayuda para dinamizar los ensayos, si se posee un proyector, un ordenador y una pantalla o una pizarra digital se podrán hacer audiciones comparadas, visionar actuaciones y/o ensayos que ayuden a tomar conciencia de las líneas de trabajo a seguir.

El material que cada coralista debería llevar al ensayo estaría formado por:

▶ Un diapasón, esencial para trabajar el oído interior y los intervalos.

▶ Una pajita para realizar ejercicios de control del aire y emisión.

▶ Lápiz y goma, para anotar las indicaciones y dificultades a trabajar de manera individual.

▶ Partituras y letras de las obras, es recomendable tener el material centralizado en una carpeta para no perder tiempo. Cada coralista debe poseer sus partituras para poder cantar respetando una postura adecuada a la par que no pierde de vista al director.

▶ Una botella de agua, para mantenerse hidratado durante los ensayos.

Recursos para el estudio individual

El papel del estudio individual es esencial para el desarrollo del grupo. Un buen director de coro es también un pedagogo que ha de orientar en función de las necesidades que puedan tener los participantes en cada momento y proponer si es necesario un trabajo específico individual que refuerce el proceso de aprendizaje colectivo.

Actualmente existen en el mercado herramientas que facilitan el estudio individual y la posibilidad de valorar los avances que se van realizando, algunos de estos son:

▶ Una grabadora de audio y/o vídeo: la mayoría de teléfonos y dispositivos llevan integrados hoy en día este tipo de dispositivos. Grabar el entrenamiento vocal para poder practicar los ejercicios de manera individual y grabar el trabajo individual dará información objetiva sobre los progresos que se van realizando. Grabar los ensayos ofrecerá información valiosa del trabajo conjunto (entradas, disonancias, etc.).

▶ Un teclado: es de gran ayuda para el estudio, la tonalización del oído y la comprensión del lenguaje musical. En función de los recursos puede adquirirse una aplicación móvil, un teclado midi que se conecta al ordenador, un teclado eléctrico, una flauta melódica o un piano.

▶ Un sonómetro, ya se pueden descargar aplicaciones que permiten valorar la intensidad de los sonidos que se emiten.

▶ Afinador, las aplicaciones que permiten comprobar la afinación son de gran ayuda si no se está seguro de estar cantando las notas adecuadas.

▶ Archivos MIDI, bases de acompañamientos o karaokes. Permiten estudiar con todo el contexto musical para interiorizar tempos, respiraciones, entradas, etc.

▶ Lectura musical, existen también en el mercado programas y aplicaciones que permiten aprender la lectura musical con actividades progresivas.

Intercambios corales y festivales

Uno de los aspectos más atractivos que ofrece la participación en un coro es la posibilidad de viajar a diferentes ciudades y/o países en grupo para participar en intercambios, festivales y concursos corales. Estas iniciativas favorecen la convivencia del grupo y afianzan el proyecto, además de ser un aliciente para que los coralistas se superen a través de retos vocales y musicales.

Organizar este tipo de salidas conlleva mucho esfuerzo y recursos a la organización por ello se recomienda empezar por encuentros locales y provinciales y conforme se gane en experiencia y capacidad de aunar recursos se plantee la participación en viajes más largos. Los encuentros locales y/o provinciales evitan que el grupo tenga que pernoctar y por lo tanto los gastos se ciñen al desplazamiento y manutención del grupo.

En el caso de encuentros que impliquen pernocta hay que tener en cuenta se van a comprometer una gran cantidad de recursos económicos y que en la mayoría de los casos han de ser sufragados por los propios miembros del grupo.

Algunos aspectos a tener en cuenta para que la experiencia sea viable son:

▶ Viajar en autobús si el número de participantes permite ocupar la mayoría de las plazas.

▶ Hacer intercambios en los que el coro receptor aloja en sus viviendas al coro invitado y viceversa. Es decir el coro invitado se convierte en receptor al año siguiente o en un futuro intercambio.

▶ Buscar colaboraciones con universidades que tengan colegios mayores y menús populares en sus cafeterías.

▶ Buscar la colaboración de instituciones culturales transnacionales (Instituto Cervantes, AECID, etc).

Las federaciones de coros son un punto de encuentro de las agrupaciones corales para realizar los intercambios. Se encuentran fácilmente sus webs en la red.

También en la red, el proyecto Coralea (http://coralea.com) reúne a los diferentes coros de España y ofrece recursos e información para realizar intercambios.

La asociación Europa Cantant (http://www.europeanchoralassociation.org) ofrece infinidad de recursos y proyectos en los que poder participar incluyendo un festival que se celebra cada tres años en una ciudad europea. Forman parte de este proyecto: el coro Europeo (Eurochoir) y el coro juvenil mundial (World Youth Choir), iniciativas muy interesantes para jóvenes por la experiencia musical y por el intercambio cultural que se produce en este tipo de eventos.

La Federación Internacional de Música Coral (International Federation for Choral Music http://ifcm.net) que promueve encuentros e intercambios de coros, compositores de música coral, directores de coro, etc.

ANEXO

El mundo coral en España e Hispanoamérica

Se ofrece a continuación una amplia recopilación de información sobre el panorama coral de España e Hispanoamérica. Este anexo ha sido confeccionado a partir de los principales buscadores del mundo coral y de la red, por lo tanto es obvio que existen muchos más coros de los que aquí se mencionan, "son todos los que están pero no están todos los que son", como reza el refrán.

El lector encontrará información sobre las principales agrupaciones corales clasificadas por países y por tipo de coro: coros infantiles/juveniles y coros de adultos (de cámara, grandes agrupaciones, universitarios y profesionales). Tras el apartado nacional, se ofrece por orden alfabético de países.

Por otro lado, se citan proyectos de educación musical de carácter global (en cuanto a que incluye tanto la disciplina vocal como la instrumental) y en ocasiones trasnacionales (un mismo proyecto instaurado en distintos países).

ESPAÑA

BUSCADORES

Centro de documentación musical: http://musicadanza.es

Coralea: http://coralea.com

Fundación Orfeo: http://fundacionorfeo.com/corosdeespana/

Atril coral: http://www.atrilcoral.com/lista_coros.htm

Choralnet, buscador de coros: http://archive.choralnet.org/list/choir

Corla Juan de la Encina: http://coraljuandelaencina.com/coros.htm

Listado de Federaciones de Coros: http://coralea.com/listado-de-federaciones-corales-de-espana/

Federación de coros y danzas de España: http://www.facyde.es

Federación Pueri cantores: http://puericantores.es

Federación Española de Gospel: http://www.fedegospel.com

Agrupacoros: http://www.agrupacoros.org

PROYECTOS GLOBALES

Fundación Barenboim Said: http://www.barenboim-said.org/es/fundacion/

Fundación Princesa de Asturias: http://www.fpa.es/es/area-musical/coro/

Corearte: http://www.corearte.es

El sistema: http://fundamusical.org.ve/category/el-sistema/el-sistema-en-el-mundo/

COROS INFANTILES Y JUVENILES

Escolanía de Nuestra Señora de los Desamparados: http://www.escolania.org

Pequeños cantores de Valencia: http://www.pequesvalencia.com

Escolanía de Montserrat: http://www.escolania.cat/es/

Cor Vivaldi: http://www.corvivaldi.org

Anexo 139

Cor Vivaldi: http://www.corvivaldi.org

Coral Discantus: http://www.coraldiscantus.com/juveniles/

Escolanía del Misteri d´Elx: http://www.misteridelx.com/es/

Escolania San Salvador: http://www.escolaniasansalvador.com/la-escolania/nuestra-historia/

Los infanticos del Pilar: http://www.basilicadelpilar.es/infantes.htm

Escolania de Tomares: http://escolaniadetomares.blogspot.com.es

Escolania de Lluc: http://www.escolanialluc.es/index.php

Orfeón Donostiarra: http://www.orfeondonostiarra.org/es/

Orfeón Juaquín Turina: http://www.orfeonjoaquinturina.es

Orfeón Pamplonés: http://www.orfeonpamplones.com/es/

Coral de cámara de Pamplona: http://www.accp.es

Coro Mansil Nahar: http://www.coromansilnahar.org

Orfeón murciano Fernández Caballero: http://www.orfeonmurciano.org/web/

Orfeón de La Mancha: http://www.orfeondelamancha.com

El león de oro: http://elleondeoro.com/es/inicio/

Coro de Jóvenes de Madrid: http://www.corojovenesmadrid.com

Agrupacoros: http://www.agrupacoros.org

Coro Las veredas: www.corolasveredas.com

Coro del Teatro Principal de Palma: http://www.teatreprincipal.com/es/cors/

Voces para la convivencia: http://vocesparalaconvivencia.blogspot.com.es

COROS DE ADULTOS

-DE CÁMARA

Coral de cámara de Pamplona: http://www.accp.es

Coro de cámara de Bilbao: http://www.amcb.es/historia

Coro de cámara de Cantabria: https://corodecamaradecantabria.wordpress.com

Coral Discantus: http://www.coraldiscantus.com/coro-de-camara/

Coro de cámara de La Coruña: http://corodecamaracoruna.jimdo.com

Coro de cámara de Madrid: http://www.corodecamarademadrid.com/el-coro/

Coro Noialtre: http://www.noialtre.net

B Vocal: http://www.bvocal.org

Melomans: http://www.melomans.es

EL consorcio: http://el-consorcio.com/inicio.php

-GRANDES CORALES

Orfeón Donostiarra: http://www.orfeondonostiarra.org/es/

Orfeón Juaquín Turina: http://www.orfeonjoaquinturina.es

Orfeón de Granada: http://www.orfeondegranada.org

Orfeón Pamplonés: http://www.orfeonpamplones.com/es/

Coro Mansil Nahar: http://www.coromansilnahar.org

Orfeón Manuel Palau: http://www.orfeonmanuelpalau.com

Orfeón Moratalaz: http://orfeonmoratalaz.es

Orfeón murciano Fernández Caballero: http://www.orfeonmurciano.org/web/

Orfeón Burgales: http://orfeonburgales.es/index.html

Orfeón de La Mancha: http://www.orfeondelamancha.com

Orfeón de Mieres: http://www.orfeondemieres.com/Historia.htm

Orfeón de Sestao: http://orfeondesestao.com

Orfeó Valencià - Navarro Reverter: http://www.orfeovalencia.org

El león de oro: http://elleondeoro.com/es/inicio/

Coro Gospel de Castilla La Mancha: http://www.corogospelclm.es

Coro Gospel Madrid: http://www.corogospeldemadrid.com

Coro Carlit Gospel: http://www.corcarlitgospel.org/index.php

Coro Gospel Blessing: http://gospelblessing.org

Coro del Teatro Principal de Palma: http://www.teatreprincipal.com/es/cors/

-UNIVERSITARIOS

Orfeón Universitario - Universidad de Valencia: http://www.orfeon.org

Coro Universitario de Salamanca: http://sac.usal.es/index.php/agrupaciones-musicales/11-general/agrupaciones-musicales/70-coro-universitario-de-salamanca

Orfeón Universitario de Málaga: http://orfeonmalaga.org

Coro de la Universidad Politécnica de Valencia: http://coro.webs.upv.es/

Coro de la Universidad de Sevilla: http://corodelauniversidaddesevilla.blogspot.com.es

-PROFESIONALES

Coro Nacional de España: http://ocne.mcu.es/conoce-a-la-ocne/coro-nacional-de-espana/historia/

Coro de RTVE: http://www.rtve.es/orquesta-coro/coro/

Coro de la Comunidad de Madrid: http://www.orcam.org/fichasimple.cfm?id=595

Coro del Teatro de la Zarzuela: http://teatrodelazarzuela.mcu.es/es/quienes-somos/coro/coro

Cor de la Generalitat Valenciana: http://ivm.gva.es/cms/es/unidades-artisticas/coro-de-la-generalitat-valenciana/703-biograf.html

Coro del Gran Teatre del Liceu: http://www.liceubarcelona.cat/es/el-liceu/orquesta-y-coro/coro.html

Coro de la Orquesta Filarmónica de Gran Canaria: http://www.of-grancanaria.com/index.php/es/formacion/coros/coro-ofgc

ARGENTINA

BUSCADORES

Asociación Argentina para la Música Coral - America Cantat: http://www.aamcant.org.ar/aamcant2/coros/

Red coral: http://www.redcoralargentina.com.ar/#!/-bienvenido/

Grupos vocales: http://gruposvocales.blogspot.com.es/

Folklore Raiz: http://folklore-raiz.blogspot.com.es

COROS INFANTILES Y JUVENILES

GCC - Grupo de canto coral: www.gcc.org.ar

Fundación Takian Cay: www.takiancay.org.ar

Coro Kenmedy: www.corokennedy.com

Coro Nacional de Niños: http://www.conani.com.ar/home.php?hoja=pagina_base&tipo=QE

Coro Nacional de Jóvenes: http://www.cultura.gob.ar/elencos/coro-nacional-de-jovenes/

COROS DE ADULTOS

-DE CÁMARA

Coro Cámara XXI: www.camaraxxi.com

GCC - Grupo de canto coral: www.gcc.org.ar

Coro de cámara Adrogué: www.coroadrogue.com.ar

Fundación Takian Cay: www.takiancay.org.ar

Coro de cámara Arturo Beruti: www.coroberuti.com.ar

Musica Quantica - voces de cámara: www.musicaquantica.com.ar

Oigovoces: http://www.oigovoces.com.ar

Grupo vocal Aqueflorezca: http://aqueflorezca.com/component/k2/item/271-grupo-vocal-argentino.html

-GRANDES CORALES

Coro Provocanto: www.coroprovocanto.blogspot.com

Coro Americanto: www.coroamericanto.blogspot.com

Asociación coral Lagun Onak: www.lagunonak.com.ar

-UNIVERSITARIOS

Coro de la Universidad Católica de Cuyo: www.sanjuancoral.com.ar

Coro Universitario Mendoza: www.corouniversitario.uncuyo.edu.ar

Coro Kenmedy: www.corokennedy.com

Coro y orquesta Universidad del Salvador: http://cororquesta.usal.edu.ar

-PROFESIONALES

Coro estable Teatro Colón: http://www.teatrocolon.org.ar/es/content/coro-estable

Coro Polifónico Nacional: http://www.cultura.gob.ar/elencos/coro-polifonico-nacional/

BOLIVIA

BUSCADORES

Grupos vocales: http://gruposvocales.blogspot.com.es/

Folklore Raiz: http://folklore-raiz.blogspot.com.es

PROYECTOS GLOBALES

Integración: http://www.integracionsm.com

COROS INFANTILES Y JUVENILES

Sociedad Coral Bolivariana: http://www.bolivia.com/empresas/cultura/Coral/index.asp

Integración: http://www.integracionsm.com

COROS DE ADULTOS

-DE CÁMARA

Coral Nova: http://www.arte-bolivia.com/amalgama/

Parafonista: http://www.arte-bolivia.com/parafonista/

-GRANDES CORALES

Sociedad Coral Bolivariana: http://www.bolivia.com/empresas/cultura/Coral/index.asp

-UNIVERSITARIOS

Coro Polifónico de la Universidad de UTEPSA: http://www.utepsa.edu/v2/index.php?option=com_content&view=article&id=174:responsabilidad-social-universitaria&catid=4:general&Itemid=220

-PROFESIONALES

Coro Arakaendar: http://www.festivalesapac.com/festivaldechiquitos2016/grupos/grupos-nacionales/coro-y-orquesta-arakaendar-bolivia/

CHILE

BUSCADORES

Redcoral: http://redcoral.cl/red/comunidad-redcoral/

Federación de coros: http://fedecor.blogspot.com.es

Grupos vocales: http://gruposvocales.blogspot.com.es/

COROS INFANTILES Y JUVENILES

Crecer cantando: http://www.crecercantando.cl

COROS DE ADULTOS

-DE CÁMARA

Camerata vocal, Universidad de Chile: http://www.ceacuchile.com/camerata-vocal/#.V3-zeFd1A0o

Los Huasos Quincheros: http://www.quincheros.cl

Coro Santiago Gospel: https://santiagogospel.cl

Chile Gospel: http://www.chilegospel.com

Contrapunto, coro de cámara: http://corocontrapunto.cl

-UNIVERSITARIOS

Coro sinfónico de la Universidad de Chile: http://www.ceacuchile.com/coro-sinfonico/

Coro de la Universidad Austral de Chile: http://www.uach.cl/extension/corouniversitario/

Coro de la Universidad Santiago de Chile: http://www.usach.cl/coro-universidad-santiago

Coro, Pontificia Universidad Católica de Chile: http://www.ing.uc.cl/coro-de-ingenieria-participa-del-concierto-de-celebracion-de-los-125-anos-de-derecho-uc/

-PROFESIONALES

Teatro Municipal de Santiago: http://www.municipal.cl/page/coro-del-teatro-municipal

COLOMBIA

BUSCADORES

Grupos vocales: http://gruposvocales.blogspot.com.es/

PROYECTOS GLOBALES

Integración: http://www.integracionsm.com

Fundación Batuta: http://www.fundacionbatuta.org/v2/c.php?id=26

COROS INFANTILES Y JUVENILES

Coro infantil y juvenil de Colombia: http://celebralamusica.mincultura.gov.co/noticias/Paginas/Coro-Infantil-y-Juvenil-de-Colombia.aspx

COROS DE ADULTOS

-DE CÁMARA

Vocal sin tiempo: http://www.vocalsintiempo.com/es/reseainmenu-34. html

Ensamble vocal de Medellín: http://ensamblevocaldemedellin.com/ ensamblevocal/

-UNIVERSITARIOS

Coro universitario de la Universidad Autónoma de Bucaramanga: http://www.unab.edu.co/content/coro-unab-sobresale-en-españa

-PROFESIONALES

Coro de la ópera del Teatro Mayor: http://www.teatromayor.org/evento/coro-de-la-opera-de-colombia-director-luis-diaz-herodier

COSTA RICA

BUSCADORES

Coros de centroamérica: http://corosdecentroamerica.blogspot.com. es/search/label/costa%20rica

Grupos vocales: http://gruposvocales.blogspot.com.es/

COROS INFANTILES Y JUVENILES

Coro Navidad: https://coronavidad.com
Sinem: http://www.sinem.go.cr

COROS DE ADULTOS

-DE CÁMARA

El octeto: http://elocteto.blogspot.com.es

Grupo Tiquicia: http://www.grupotiquicia.org/index.aspx

-GRANDES CORALES

Coral Alfa Omega: http://coralfaomega.blogspot.com.es

El café chorale: http://www.elcafechorale.org

Coro Exalumni: http://coroexalumni.blogspot.com.es

-UNIVERSITARIOS

Coro Universidad Costa Rica: http://www.programasdra.ucr.ac.cr/?q=node/49

-PROFESIONALES

Coro sinfónico Nacional: http://si.cultura.cr/agrupaciones-y-organizaciones/coro-sinfonico-nacional.html

CUBA

BUSCADORES

Grupos vocales: http://gruposvocales.blogspot.com.es/

Ecured: http://www.ecured.cu

COROS INFANTILES Y JUVENILES

Coro diminuto: http://www.ecured.cu/Coro_Diminuto

Cantorías infantiles - Ensemble vocal Luna: http://ensemblevocalluna.waydes.net/

Coro Cascabelito: http://www.ecured.cu/Coro_Cascabelito

Schola Cantorum Coralina: http://www.ecured.cu/Schola_Cantorum_Coralina

COROS DE ADULTOS

-DE CÁMARA

Coro de cámara Entrevoces: http://www.ecured.cu/Coro_de_Cámara_Entrevoces

Coro de cámara de Matanzas: http://www.ecured.cu/Coro_de_Cámara_de_Matanzas

Vocal Leo: http://www.ecured.cu/Vocal_Leo

-GRANDES CORALES

Orfeón Santiago: http://www.ecured.cu/Orfeón_Santiago

Orfeón de la Sociedad Coral en Baracoa: http://www.ecured.cu/Orfeón_de_la_Sociedad_Coral_en_Baracoa

-UNIVERSITARIOS

Universidad de Oriente, Coro Madrigalista: http://www.ecured.cu/Coro_Madrigalista

-PROFESIONALES

Cantores de Cienfuegos: http://www.cantoresdecienfuegos.com

Ensemble vocal Luna: http://ensemblevocalluna.waydes.net/

Vocal Sampling: http://www.vocal-sampling.com

Camerata Vocale Sine Nomine: http://www.ecured.cu/index.php/Camerata_Vocale_Sine_Nomine

Vocal Vidas, cuarteto vocal: http://vocalvidas.com

Coro de cámara Exaudi: http://www.ecured.cu/Coro_de_Cámara_Exaudi

Schola Cantorum Coralina: http://www.ecured.cu/Schola_Cantorum_Coralina

Coro Nacional de Cuba: http://www.ecured.cu/Coro_Nacional_de_Cuba

Vocal Tempo: http://www.musicacopyleft.es/profile/VocalTempo

ECUADOR

PROYECTOS GLOBALES

Casa de la Cultura Ecuatoriana: http://www.casadelacultura.gob.ec/index.php

COROS INFANTILES Y JUVENILES

Fundación Orquesta Sinfónica Juvenil de Ecuador: http://www.fosje.org/index.htm

COROS DE ADULTOS

-DE CÁMARA

Coro de cámara Oscar Romero: http://www.corearte.es/en/coro-de-camara-oscar-vargas-romero/

Coral Amaranto: http://www.coralamaranto.com

Ensamble coral A Contraluz: http://www.coroacontraluz.com

-UNIVERSITARIOS

Coro Universidad Central de Ecuador: http://ucecoro.blogspot.com.es

EL SALVADOR

BUSCADORES

Coros y orquestas: https://infoutil.gobiernoabierto.gob.sv/choirs

Coros de centroamerica: http://corosdecentroamerica.blogspot.com.es

COROS INFANTILES Y JUVENILES

Fundación Unión Coral Salvadoreña: http://www.unioncoralsalvadorena.com/index.php

Coro Juvenil Nacional del Sistema: https://infoutil.gobiernoabierto.gob.sv/choirs/6

COROS DE ADULTOS

-PROFESIONALES

Coro Presidencial: http://www.cultura.gob.sv/coro-presidencial/

Coro Nacional de El Salvador: http://www.cultura.gob.sv/coro-nacio-nal-de-el-salvador/

Coro de ópera del El Salvador: http://www.operaelsalvador.com/joomla/index.php?option=com_content&task=view&id=30&Itemid=75

GUATEMALA

BUSCADORES

Federacion coral del Caribe y Centroamérica: http://fedcoral.blogspot.com.es/p/contac.html

PROYECTOS GLOBALES

Corodemia: http://corodemiaguatemala.blogspot.com.es/2009/02/es-un-proyecto-cultural-y-educativo-que.html

COROS INFANTILES Y JUVENILES

Corodemia: http://corodemiaguatemala.blogspot.com.es/2009/02/es-un-proyecto-cultural-y-educativo-que.html

Coro de la Universidad San Calos de Guatemala: http://kidzchorus.tripod.com/corosinfantiles/id3.html

COROS DE ADULTOS

-DE CÁMARA

Vocal doce: http://vocaldoce.blogspot.com.es

-UNIVERSITARIOS

Coro de la Universidad San Calos de Guatemala: http://kidzchorus.tripod.com/corosinfantiles/id3.html

-PROFESIONALES

Coro Nacional de Guatemala: http://mcd.gob.gt/el-coro-nacional-de-guatemala/

HONDURAS

PROYECTOS GLOBALES

Sistema de Información Cultural: http://sichonduras.hn/detalle.php?ID=97

FARECOH Fundación artes educativas, coros y orquestas de Honduras: http://farecoh.org

COROS DE ADULTOS

-UNIVERSITARIOS

Coro de la Universidad Nacional Autónoma de Honduras (UNAH): https://www.unah.edu.hn

MÉXICO

BUSCADORES

Secretaria de Cultura: http://sic.conaculta.gob.mx/index.php?disciplina=musica&estado_id=0

Federación coral del Caribe y Centroamérica: http://fedcoral.blogspot.com.es/p/historia-de-la-fccc.html

Grupos vocales: http://gruposvocales.blogspot.com.es/

PROYECTOS GLOBALES

Voce in tempore: http://voceintempore.net/master/

Esperanza Azteca: http://www.esperanzaazteca.com

El sistema Mexico: http://elsistema.mx

Sistema nacional de fomento Musical:http://snfm.cultura.gob.mx/agrupaciones_artisticas/

COROS INFANTILES Y JUVENILES

Coro Infantil de la República: http://snfm.cultura.gob.mx/agrupaciones_artisticas/coro_infantil_de_la_republica.php

Ensamble escénico vocal: http://snfm.cultura.gob.mx/agrupaciones_artisticas/ccjm.php

COROS DE ADULTOS

-DE CÁMARA

Ensamble vocal masculino OMNES: http://www.omnes.8k.com

Voz en punto: http://www.vozenpunto.com

Ensamble vocal Euterpe: http://www.eveuterpe.com/ensamble.php

Ensamble Galileo: http://sic.conaculta.gob.mx/ficha.php?table=gpo_artistico&table_id=329

-GRANDES CORALES

Los cantantes del lago: http://loscantantesdellago.com/come-sing/

Las cien voces: http://www.lascienvoces.com/

Orfeón de Mexico: http://www.orfeonmexico.org/index.php

Coro Promusica: http://www.coropromusica.org

-UNIVERSITARIOS

Coro Alpha Nova del Instituto Politécnico Nacional: http://www.alpha-nova.ipn.mx

Coro de la Universidad Panamericana: http://www.up.edu.mx/es/vida/gdl/coro

-PROFESIONALES

Coro de la orquesta sinfónica del estado de Mexico: http://osem.edomex.gob.mx/coro_de_la_osem

NICARAGUA

BUSCADORES

Musica coral nicaragüense: http://musicacoralnicaraguense.blogspot.com.es

Coros de Centroamérica: http://corosdecentroamerica.blogspot.com.es

Instituto Nicaragüense de Cultura: http://www.inc.gob.ni

Foro nicaragüense de Cultura: http://foronicaraguensedecultura.org

COROS DE ADULTOS

-GRANDES CORALES

Coro del Banco Central de Niaragua: http://www.bcn.gob.ni/proy_social_cultural/cultura/musica/

-UNIVERSITARIOS

Coro de la Universidad Centroamericana: http://www.uca.edu.ni/~uca2edu/index.php?option=com_content&view=article&id=521:end-necesitamos-instituciones-educativas-inteligentes-doctor-rafael-lucio-gil&catid=30:uca-en-los-medios&Itemid=201

Coro de la Universidad Politécnica de Nicaragua: https://www.upoli.edu.ni/noticias/verNoticia/articulo:62-coro-de-la-upoli-se-presento-en-xii-temporada-coral

-PROFESIONALES

Coro Nacional de Nicaragua: http://coronacionaldenicaragua.blogspot.com.es

PANAMÁ

COROS INFANTILES Y JUVENILES

Coro Colegio Barder: http://www.colegiobrader.edu.pa/coro/

COROS DE ADULTOS

-DE CÁMARA

Coro de cámara Voces Unidas: http://coromormondepanama.blogspot.com.es

-GRANDES CORALES

Coro polifónico de Panamá: http://www.coropolifonicodepanama.org/esp/inicio.html

Coro Música Viva: https://www.linkedin.com/in/asociación-y-coro-música-viva-651b5196

PARAGUAY

COROS INFANTILES Y JUVENILES

Fundación Grillos - Centro de educación musical: http://www.fundaciongrillos.org/cemu/

COROS DE ADULTOS

-DE CÁMARA

Coro Paraguayo de Cámara: http://coroparaguayodecamara.blogspot.com.es

PERÚ

BUSCADORES

Grupos vocales: http://gruposvocales.blogspot.com.es/

COROS INFANTILES Y JUVENILES

Coro Nacional de Niños: http://www.cultura.gob.pe/es/industriascul-turalesartes/elencos/coroninos

COROS DE ADULTOS

-UNIVERSITARIOS

Coro de la Universidad de Piura: http://udep.edu.pe/vidauniversita-ria/actividad/coro-piura/

Coro Femenino de la Pontifica Universidad Católica de Perú: http://cemdlat.pucp.edu.pe/conjuntos_corofem.htm

Coro de San Marcos, Universidad Nacional Mayor de San Marcos: http://ccsm-unmsm.edu.pe/events/coro-de-san-marcos-en-brisas-del-titicaca/

Coro Universitario, Universidad de Lima: http://www.ulima.edu.pe/departamento/vida-artistica-en-la-universidad/coro-universitario

-PROFESIONALES

Coro Nacional: http://www.cultura.gob.pe/es/industriasculturalesar-tes/elencos/coronacional

PUERTO RICO

BUSCADORES

Fundación Nacional para la Cultura Popular: https://prpop.org

COROS INFANTILES Y JUVENILES

Coro de Niños de San Juan: http://www.cnsj.org

Coro Ponce High: http://coroponcehighschool.wix.com/cphs#!about_us/crrl

COROS DE ADULTOS

-DE CÁMARA

Coro de Cámara Ascendit: http://www.ascendit.org/noticias.html

-UNIVERSITARIOS

Coro de la Universidad de Puerto Rico: http://humanidades.uprrp.edu/musica/agrupaciones.html

Coro UPR Humacao: http://entreestudiantes.upr.edu/uprh/2015/01/13/coro-upr-humacao/

-PROFESIONALES

Coro Nacional de Puerto Rico: http://www.coronacionalpr.org/#!portada/mainPage

Orfeón de San Juan Bautista: http://orfeonsjb.org/blog/tag/puerto-rico/

REPUBLICA DOMINICANA

COROS INFANTILES Y JUVENILES

Nuevas voces: http://cultura.gob.do/audiciona/

COROS DE ADULTOS

-UNIVERSITARIOS

Coro universitario de la Universidad Católica de Santo Domingo: http://web.ucsd.edu.do/instituciones-y-servicios/estatutos-ucsd/

-PROFESIONALES

Coro Nacional de la República Dominicana: http://coronacionalrd.jimdo.com

URUGUAY

BUSCADORES

Grupos vocales: http://gruposvocales.blogspot.com.es/
Coros del Uruguay: http://corosdeluruguay.com

PROYECTOS GLOBALES

Asociación coral del Uruguay: http://www.acordelur.org.uy

COROS INFANTILES Y JUVENILES

Coro Guadalupe: http://coroguadalupe.blogspot.com.es
Coro Juvenil Ayre: http://coro-ayre.blogspot.com.es
Giraluna - Coro de Niños de la Universidad Católica de Uruguay: http://ucu.edu.uy/es/giraluna_coro_ninos_nt#.V4jbK1d7tR0
Coro Juvenil Universidad Nacional de LA Plata: http://www.unlp.edu.ar/coro_juvenil

COROS DE ADULTOS

-DE CÁMARA

Coro Aparcanto: http://www.aparcanto.com
Coral Cantemus: http://www.coralcantemus.com
Ensemble vocal De Profundis: http://www.deprofundis.org.uy
Grupo Vocal Karpatia: http://www.corokarpatia.com

-GRANDES CORALES

Coral Rio Uruguay: http://www.coralriouruguay.com.ar
Asociación Coral Cantemus: http://www.coralcantemus.com
Coro Pro Musica: http://coropromusica.com.uy/?page_id=30
Coro de la Fundación Banco República: http://www.bancorepublica.com.uy/web/guest/fundacion-banco-republica/novedades/coro

Coro Don Bosco: http://www.corodonbosco.com.uy

Coro Municipal de Montevideo: http://corosdelmundo.tripod.com/id12.html

-UNIVERSITARIOS

Coro Universitario - Escuela Universitaria de Música: http://www.eumus.edu.uy/eum/boletin/2014/08/coro-universitario

Coro - FRCU- Universidad Tecnológica Nacional: http://www.frcu.utn.edu.ar/index.php/gobierno/extensionuniversitaria/coro

Coro Universitario de La Plata: http://corouniversitariodelaplata.blogspot.com.es/p/historia.html

Coro de la Escuela Universitaria de Música: http://www.eumus.edu.uy/coroeum/

-PROFESIONALES

Coro Nacional del Sodre: http://www.sodre.gub.uy/cuerposestables/coronacional

VENEZUELA

BUSCADORES

Federación venezolana de coros y grupos vocales: http://fevecoro.jimdo.com

Amigos coralistas: https://amigoscoralistas.wordpress.com/venezuela/

Grupos vocales: http://gruposvocales.blogspot.com.es/2014/04/vocalia-sonando-venezuela.html

PROYECTOS GLOBALES

El sistema: http://fundamusical.org.ve

COROS INFANTILES Y JUVENILES

Coro Infantil Venezuela: http://www.coroinfantilvenezuela.org.ve

El sistema: http://fundamusical.org.ve

Fundación Schola Catorum Venezuela: http://www.fundacionschola-cantorum.org.ve

COROS DE ADULTOS

-DE CÁMARA

Aequalis Aurea: http://aequalisaurea.blogspot.com.es

Ensamble Shii´rain Mmankaa: http://musicatradicionalvenezolana.blogspot.com.es

Gruveim: https://gruveim.wordpress.com

-GRANDES CORALES

Coro Polifónico Rafael Suarez: http://coro_polifónico.tripod.com/coropolifonicorafaelsuarez/index.html

Coro Puccini: http://coropuccini.blogspot.com.es

-UNIVERSITARIOS

Coro Universitario Coro de la Universidad Nacional Experimental del Táchira: http://www.unet.edu.ve/~corounet/index_es.php

Orfeón Universidad de los Andes: http://www.orfeon.ula.ve

Vocal FAU-UCV: http://coralfau.tripod.com/integrantes.html

Orfeón Universidad Central de Venezuela: https://orfeonuniversitarioucv.wordpress.com

Orfeón Universidad de los Andes: http://www.orfeon.ula.ve

Coro estudiantil universitario. La Universidad Autónoma de Zacatecas" Francisco García Salinas": http://www.uaz.edu.mx/QuickPlace/coro/Main.nsf/h_RoomHome/4df38292d748069d0525670800167212/?OpenDocument#{unid=4DF38292D748069D0525670800167212}

ÍNDICE DE EJERCICIOS

Experimento: Marioneta de hilos 60

·Ejercicio 1: Sentados 60

Ejercicio 2: De pie 60

Ejercicio 3: El escáner 61

Ejercicio 4: El espejo 61

Ejercicio 5: El masaje 62

Ejercicio 6: El ángel y el diablo 63

Ejercicio 7: Visualización 64

Experimento: Botella con globo
para entender la respiración activa 66

Ejercicio 8: La inspiración costo-diafragmática 67

Ejercicio 9: El soplo 68

Ejercicio 10: Ts, ts, ts infinito… 68

Ejercicio 11: Viento, abejas y serpientes 69

Ejercicio 12: La pajita 69

Experimento: El globo que canta 72

Ejercicio 13: La ubicación de la laringe 72

Ejercicio 14: La frecuencia fundamental
de la voz hablada.. 72

Ejercicio 15: Trino de lengua o labios............................. 73

Ejercicio 16: Cantar a través de la pajita 74

Ejercicio 17: Silbar.. 74

Ejercicio 18: Mmmm (que bueno!)............................... 75

Ejercicio 19: El inicio del sonido: la pipa de aire 75

Ejercicio 20: El registro de pecho y el de cabeza 76

Experimento: Diapasón 79

Ejercicio 21: El bostezo 79

Ejercicio 22: Sobre la u...................................... 80

Ejercicio 23: I E A O U sobre una nota............................ 80

Ejercicio 24: Apertura de la boca 81

Ejercicio 25: Piano-fuerte-piano.................................... 81

Ejercicio 26: Cua-cua-cua 82

Ejercicio 27: Sentir los articuladores.............................. 83

Ejercicio 28: Cantar sobre las vocales del texto.............. 83

Ejercicio 29: Mantener todo
el texto con una sola vocal 84

Ejercicio 30: Vocal/consonante/vocal en el canto......... 84

Ejercicio 31: Trabalenguas 84

Ejercicio 32: Rapear 85

Ejercicio 33: Consonantes finales 85

Ejercicio 34: Palabras desaparecidas........................... 86

Ejercicio 35: Idiomas 86

Ejercicio 36: Afinación de una nota. 88

Ejercicio 37: Afinación de intervalos................................ 89

Ejercicio 38: Tetracordos.. 90

Ejericicio 39: Escalas 91

Ejercicio 40: El movimiento del cuerpo 91

Ejercicio 41: Aire y ritmo 92

Ejercicio 42: Percusión corporal 93

Ejercicio 43: El beat box 93

Ejercicio 44: Miscelánea de sonidos
para efectos rítmicos y coreografías 94

Ejercicio 45: Coreografías 94

Ejercicio 46: Acordes 95

Ejercicio 47: Enlaces de acordes 96

Ejercicio 48: Improvisación melódica
a partir de acordes... 96

Ejercicio 49: Entender la forma....................................... 97

Ejercicio 50: Cantar a varias voces, cómo empezar 98

Ejercicio 51: Emociones: efectos vocales y gestos......... 101

Ejercicio 52: El recorrido emocional 102

Ejercicio 53: Los musicogramas 103

Ejercicio 54: Versos alternos 103

Ejercicio 55: Memoria y ritmo 104

BIBLIOGRAFÍA

Sobre la voz

BELTRAMONE, C., *Aportes para repensar el movimiento y la corporalidad en técnica vocal*, La Plata (Argentina), GITEV editorial, 2016.

BUNCH M. Y VAUGHN, C., *The singing book.*, EE.UU., Norton Company, 2004.

CALAIS-GERMAIN, B., *La respiración. Anatomía para el movimiento. Tomo IV. El gesto respiratorio.* Barcelona, La liebre de marzo, 2004.

CALAIS-GERMAIN, B. GERMAIN, F., *Anatomía para la voz.* Barcelona, La liebre de marzo, 2013.

CASADO, J.C., ADRIAN, J.A., *La evaluación clínica de la voz. Fundamentos médicos y logopédicos*, Málaga, Ediciones Aljibe, 2002.

COBETA, I., F NUÑEZ, F., FERNÁNDEZ, S., *Patología de la voz*, Barcelona, Marge Médica Books, 2013.

COOKSEY, J.M., *Working with adolescent voices*, Sant Louise, Concordia Publishing Hause, 1992.

CORNUT, G., *La voz*, Madrid, Breviarios, Fondo de cultura económica, 1998.

DIMON, TH., *La voz cantada y hablada*, Madrid, Gaia Ediciones, 2011.

EDWIN, R., "The Bach to Rock Connection The Care and Feeding of Young Voices", *Journal of Singing*, 43 (4), 44, 1987.

EDWIN, R., "Kids are Singers, Too", *Journal of Singing*, 50 (2), 51-52, 1993.

EDWIN, R., "Vocal Parenting", *Journal of Singing*. 51 (3), 53-56, 1995. EDWIN, R., "Karaoke, Everybody sing", *Journal of Singing*, 52 (2), 63-64, 1995.

EDWIN, R., "Vocal Exercises for Children of All Ages", *Journal of Singing*, 57 (4) 49-51, 2001.

EDWIN R., «Repertoire for Child Singers», *Journal of Singing*, 68 (4), 443-444, 2012.

ELORRIAGA, A., "El coro de adolescentes en un instituto de educación secundaria: en estudio de fonación", *Revista Electrónica Complutense de Investigación en Educación Musical*, 7 (1), 2010.

ELORRIAGA, A., "Una propuesta de práctica de canto colectivo en la adolescencia: Un estudio de intervención en un IES", *Revista Electrónica de LEEME (Lista Europea de Música en la Educación)*, 28 (1), 2011.

ELORRIAGA, A. Y ARÓSTEGUI, J.L., *Diseño curricular de la expresión vocal y el canto colectivo en educación secundaria. La muda de la voz en el aula de música*, Madrid, Anexo, 2013.

ESCUDERO, M.P., *Educación de la voz: ortofonía, dicción, canto, ritmo*, Madrid, Real Musical, 1988.

FERRER SERRA, J. S., *Teoría y práctica del canto*, Barcelona, Herder, 2000.

GARCÍA-LÓPEZ, I. y GAVILÁN BOUZAS, J., "La voz cantada", *Acta de otorrinolaringología Española*, 10.1016, 2010.

JACKSON MENALDI, M. C., *La voz normal*, Madrid, Ed. Panamericana, 1992.

LE HUCHE, F., *La voz*, Barcelona, Masson, 2003.

Mc. CALLION, M., *El libro de la voz*, Barcelona, Urano, 1998.

MOLINA HURTADO, M.T., FERNÁNDEZ GONZÁLEZ S., VÁZQUEZ DE LA IGLESIA, F., URRA BARANDIARÁN, A., "Voz del niño" *Rev. Med. Univ. Navarra*, 50. No 3, 31-43, 2006.

MANSION, M., *Estudio del canto*, Buenos Aires, Ricordi, 1947.

MILLER, R., *On the art of singing*, Nueva York (EE.UU.), Oxford University Press, 2011.

MILLER, R., *Solutions for singers*. Nueva York (EE.UU.), Oxford University Press, 2004.

MUÑOZ MUÑOZ, J. R., *La voz y el canto en la educación infantil*, Eufonía 23, 2001.

NATS, *Teaching Children to Sing. Journal of Singing*, 59 (5) 377, 2003.

PERELLÓ, J., CABALLÉ, M., GUITART, E., *Canto-dicción*, Barcelona, Editorial

Científico Médica, 1990.

QUIÑONES, C., *El cuidado de la voz: ejercicios prácticos*. Madrid, Escuela Española, 1997.

SADOLIN, C., *Técnica Vocal Completa*, Copenhage (Dinamarca), Shout, 2014.

SAMUEL J.O., "Training the young voice". *Journal of Singing*, 2 (7), 8, 1 9 5 0 .
SATALOFF R.T. y SPIEGEL R.T., "The young voice", *The Nats Journal*, 45(3), 35-37, 1989.

SATALOFF, R.T., *Vocal Health and Pedagogy. Science and Assessment*. San Diego (EE.UU.), Plural Publishing Inc., 2006.

SKELTON K.D., "The Child's Voice: A Closer Look at Pedagogy and Science". *Journal of Singing*, 63 (5), 537-544, 2007.

TITZE, I y SHERER, R.C., *Vocal fold phisiology: biomechanics, acoustics and phonatory control*, Denver (EE.UU.): The Denver center for the performing arts, 1986.

TITZE, I., "Critical periods of vocal change: early childhood", *The Nats Journal*, 2 (49) 16-1, 1992.

TITZE, I., "Critical periods of vocal change: puberty", *The Nats Journal,* 49 (3), 24, 1993.

TULON ARFELIS, C., *La voz,* Barcelona, Paidotribo, 2000.

TULON ARFELIS, C., *Cantar y hablar: conocimientos generales de la voz,* Barcelona, Paidotribo. 2005.

VV.AA., *Voz profesional y artística. Particularidades del canto,* Formación Alcalá, 2014.

VENNARD, W., *Singing the mechanism and the technic.* Canadá, Carl Fischer, 1967.

VILAR i MONMAN M. "Acerca de la educación musical", Revista Electrónica de

LEEME *(Lista Europea de Música en la Educación),* 13, 2004.

VILLAGAR, I., *Vivo cantando: coro en las enseñanzas musicales,* Lulu, 2011.

VILLAGAR, I., *Claves de la voz y el canto,* Lulu, 2013.

VILLAGAR, I., *Guía práctica para cantar.* Barcelona, Redbook ediciones, 2015.

WELCH, G., "Researching singing and vocal development across the lifespan: a personal case study", *Institute of Education University of London,* 2009.

WELCH, G., Beginning Singing with Young Children. *Journal of Singing,* 45 (2) 12-15, 1988.

WELCH, G., "Singing and vocal development (Excerpts)", Spanish translation: Manuel Pérez-Gil *Revista Electr. de LEEME (Lista Europea Electrónica de Música en la Educación)* No 34 (December, 2014) pp.74-79, 2006.

WILLIAMS, J., *Teaching Singing to Children and Young Adults,* EEUU, Compton, 2012.

Sobre educación musical, vocal y organización coral

ALESSANDRONI, N. y ETCHEVERRY, E., "Choral Conducting and Vocal Technique: Is dialogue possible?", *Metodological considerations for an efficient vocal work. European Review of Artistic Studies*, vol.3, n.2, pp. 1-11, 2011.

ALESSANDRONI, N., "Interacciones contemporáneas entre técnica vocal y dirección coral: el diseño de estrategias para un trabajo vocal eficiente en el ensayo", 1er Congreso coral argentino. Área temática 3, Coros y Educación, 2013.

ARANGUREN, A.L. y JIMENO, M., "Los coros infantiles como contextos de aprendizaje y su proyección sociocultural" *Eufonía: didáctica de la música* 45 (19-29), 2009.

BILBAO, A., *El cerebro de los niños explicado a los padres*, Barcelona, Plataforma editorial, 2015.

BRUNNER, M., "Formación de coros escolares", *Eufonía: didáctica de la música* 45 (10-18), 2009.

CENTENO MARIN, J., "La conciencia corporal como eje fundamental en la especifica", *Eufonía: didáctica de la música* 23 (7-17), 2001.

CESTER, A., El miedo escénico. Barcelona, Redbook ediciones, 2013.

DALIA G., *Cómo superar la ansiedad escénica en músicos*, Guillermo Dalia, 2002.

DE LA CALLE MALDONADO DE GUEVARA, M.L., La Participación en coros escolares como desarrollo de la motivación para cantar en la educación primaria y secundaria. Tesis doctoral. Universidad Complutense de Madrid, 2014.

DE LAS CUEVAS, C., "La cantera de los coros vascos: una formación vocal específica", *Eufonía: didáctica de la música* 45 (39-49), 2009.

ELIAS J.E, TOBIAS S.E. Y FRIEDLANDER B.S., *Educar con inteligencia emocional*, Barcelona, Debolsillo clave, 2014.

ELIZALDE, L. y GARCÍA-BERNAL, E., *Pedagogía del canto escolar*, Madrid, Publicaciones Claretianas, 1983.

ELIZALDE, L., *Canto escolar* (3 vol.), Madrid, Publicaciones Claretianas, 1992.

FERRER, R., "El canto coral y las orquestas infantiles. Una educación en valores", *Eufonía: didáctica de la música* 45 (30-38), 2009.

FERNÁNDEZ HERRANZ, N., *Las agrupaciones corales y su contribución al bienestar de las personas. Percepción de las aportaciones del canto coral a través de una muestra de cantores*, Tesis doctoral, Universidad Carlos III Madrid, 2013.

GARCÍA R., *Cómo preparar con éxito un concierto o audición*, Barcelon, Redbook ediciones, 2015.

GONZÁLEZ-MAYORAGA, H. y PACHECO SANZ, D., "El aprendizaje del solfeo: propuesta de un modelo instruccional en educación musical", *International Journal of Developmental and Educational Psychology. INFAD Revista de Psicología*, No1-Vol.2, 2012.

GRAU, A., "El mejor coro infantil", *Eufonía: didáctica de la música* 45 (7-9), 2009.

GAWAIN S., *Visualización creativa*. Barcelona, Siro, 2003.

GREEN B., *The inner game of music*, Nueva York, Doubleday, 1986.

GREENE N., "Developing Healthy Children's Voices in a Noisy World" *Journal of Singing*, 70 (5), 591-595, 2014.

GUSTEMS, J y ELGSTROM, E., *Guía práctica para la dirección de grupos vocales e instrumentales*, Barcelona, Graó, 2009.

HEMSY DE GAÍNZA, V., "La iniciación musical del niño y el desarrollo del oído" en *Música y Educación*, num. 4, 1989.

JAUSET J., *Cerebro y música, una pareja saludable. Las claves de la neurociencia musical*, España, Circulo rojo Editorial, 2013.

JONQUERA JARAMILLO, M.C., "Lectoescritura musical: fundamentos para una didáctica", *Revista electrónica de Leeme 10* (diciembre 2002) http://musica.rediris.es

JONQUERA JARAMILLO, M.C., "Métodos históricos o activos en educación musical", *Revista electrónica de Leeme 14* (noviembre 2004) http://musica.rediris.es

JUBANY J., "Didáctica de la música en la educación obligatoria: recursos digitales y el caso del karaoke", *EUFONÍA, Didáctica de la música*, 50, 88-99, 2010.

JUSTEL N., "Plasticidad cerebral: participación del entrenamiento musical", *Suma Psicológica*, 19 (2), 97-109, 2012.

KÜHN, C., *La formación musical del oído*, Barcelona, Labor, 1989.

LACARCEL J., *Psicología de la música y educación musical*, Madrid, Aprendizaje Visor, 1995.

LEVITIN D.J., Tu cerebro y la música. El estudio científico de una obsesión humana. Barcelona: RBA, 2008.

LIZASO B., *Técnicas y juegos de expresión musical*, Madrid, Alhambra, 1990.

MARTI J.M., *Cómo potenciar la inteligencia de los niños con la música*, Barcelona, Redbook ediciones, 2014.

MARTÍ J. M., *Ser músico y disfrutar de la vida*, Barcelona, Redbook ediciones, 2014.

MORA F., *Neuroeducación. Sólo se puede aprender aquello que se ama*, Madrid, Alianza Editorial, 2014.

ROSABAL, G., "Algunas perspectivas para el manejo de la voz adolescente en el ensamble coral", *Eufonía, didáctica de la música* 45 (50-57), 2014.

WILLEMS, E., *El valor humano de la educación musical*, Barcelona, Paidós, 1981.

WILLEMS, E. (1992): "Naturaleza del oído musical. Oír, escuchar, entender" en *Música y educación*, núm. 11 pp. 23-28, Madrid.

Sobre repertorio

BERNAL, J. y CALVO, M. L., *Didáctica de la música: la voz y sus recursos. Repertorio de canciones y melodías para la escuela*, Málaga, Aljibe, 2004.

BRUNO, C., *Discriminación auditiva: entrenamiento prosódico; ritmo y melodía*, Barcelona, La Guaira, 1990.

CAMPELL V., *Changing voices, songs within an octave for teenagers male singers*, Londres, Peters, 2012.

CEBALLOS RODRÍGUEZ, J, *Recopilación de juegos y canciones populares para infantil y primaria*, Granada, Grupo Editorial Universitario, 2002.

ESCUDERO, I., *Cántame, cuéntame: cancionero didáctico*, Madrid, Ediciones de la Torre, 2003.

HIDALGO MONTOYA, J., *Cancionero de Valencia y Murcia*, Madrid, Carmona, 1979.

HIDALGO MONTOYA, J., *Cancionero popular infantil español*, Madrid, Carmona, 1982.

MIKATS, V., *Despertar auditivo. 30 juegos musicales*, Nerja (Málaga), Imprenta Costa del Sol, 1994.

HUFF, M., *Disney spectacular for SAB voices and piano with optional instrumental accompaniment*, Nueva York (EE.UU.), The Bourne Co., 1986.

HUFF, M., *Disney dazzle!* Nueva York (EE.UU.), The Bourne Co., 1994.

MONTORO ALCUBILLA, M. P., *44 juegos auditivos: educación musical en Infantil y Primaria*. Madrid, CCS, 2004.

OCAÑA FERNÁNDEZ, A., *Propuestas prácticas para trabajar la Audición Musical en Educación Primaria*, Granada, Grupo Editorial Universitario, 2002.

ORTIZ MOLINA, A., *Canciones con Juegos. Juegos con Canciones*, Granada, Grupo Editorial Universitario, 2002.

PNIAGUA, G., *74 Piezas para tocar, cantar y bailar en primaria y secundaria*, Madrid, Editorial Alpuerto, 1998.

RAMÓN Y LLUCH, D., *Eixam: 323 canciones*, València, Conselleria de Cultura, educació i ciencia, 1990.

RAMÓN Y LLUCH, D., *Cant coral*, Optativa ESO. València, Conselleria de Cultura, educació i ciencia, 1996.

RAMÓN Y LLUCH, D., *Xiquets Cantors, Quadern 1. Cantafàcil*, 20 cançons tradicionals per a tres veus blanques harmonizades per Diego Ramon i Lluch. Algemesí, Schola Cantorum d'Algemesí, 2000.

RAMÓN Y LLUCH, D., *Xiquets Cantors, Quadern 2. Kodály*, 10 cançons de Zoltan Kodály per a 3 veus blanques amb text en valencià. Algemesí, Schola Cantorum d'Algemesí, 2000.

RAMÓN Y LLUCH, D., *Xiquets Cantors, Quadern 3. Anònim del segle XVII*, Autors anònims espanyols del segle XVII versions a tres veus blanques. Algemesí, Schola Cantorum d'Algemesí, 2000.

RAMÓN Y LLUCH, D., *Bicinia hispanica. Algemesí, Schola Cantorum d'Algemesí*, 2005.

SÁNCHEZ MOMBIEDRO, R., *Canciones para coros juveniles, a 3 y 4 voces mixtas con acompañamiento de piano*, Generalitat Valenciana, 2005.

WILLEMS, E. y CHAPUIS, J., "Los ejercicios de audición" en *Música y Educación* núm. 16. Madrid, 1993.

WILLEMS, E. y CHAPUIS, J., Canciones de intervalos y acordes. Barcelona, Pro Musica, 1996.

WUYTACK, J., *Choralia. 55 chants pour une formation vocale active*, Bruxelles, Ed. Schott Fréres, 1973.

WUYTACK, J., *Cantar y descansar. Canciones con gestos*, Madrid, Real Musical, 1982.. WUYTACK, J., *Cantando, bailando*, Madrid, Real Musical, 1982.

Por la misma autora:

Guía práctica para cantar
Isabel Villagar
Conoce las posibilidades de tu voz y cómo desarrollarlas

Cantar de una manera sana requiere un entrenamiento muscular igual que cualquier actividad que requiera una coordinación motora, como patinar, conducir, ir en bicicleta, etc. Cualquier persona puede adquirir un conocimiento consciente del funcionamiento de su voz que le permita desarrollar todo su potencial artístico. En esta guía, Isabel Villagar explica con numerosos ejemplos las posibilidades de la voz y cómo desarrollarlas de una manera adecuada.

- Las cualidades del sonido y del aparato fonador.
- ¿Cómo se puede ejercitar y desarrollar la voz?
- La articulación en la voz cantada.
- Rango vocal y tesitura.

Un libro esencial para descubrir tu potencial y poder trazar tu rumbo artístico

En la misma colección Ma Non Troppo / Taller de:

Taller de música:

Cómo potenciar la inteligencia de los niños con la música - *Joan Maria Martí*

Ser músico y disfrutar de la vida - *Joan Maria Martí*

Aprendizaje musical para niños - *Joan Maria Martí*

Cómo preparar con éxito un concierto o audición - *Rafael García*

Técnica Alexander para músicos - *Rafael García*

Musicoterapia - *Gabriel Pereyra*

Cómo vivir sin dolor si eres músico - *Ana Velázquez*

El lenguaje musical - *Josep Jofré i Fradera*

Mejore su técnica de piano - *John Meffen*

Guía práctica para cantar - *Isabel Villagar*

Técnicas maestras de piano - *Stewart Gordon*

Cómo ganarse la vida con la música - *David Little*

Taller de teatro:

El miedo escénico - *Anna Cester*

La expresión corporal - *Jacques Choque*

Cómo montar un espectáculo teatral - *Miguel Casamayor y Mercè Sarrias*

Manual del actor - *Andrés Vicente*

Guía práctica de ilusionismo - *Hausson*

El arte de los monólogos cómicos - *Gabriel Córdoba*

Taller de escritura:

El escritor sin fronteras - *Mariano José Vázquez Alonso*

La novela corta y el relato breve - *Mariano José Vázquez Alonso*

Cómo escribir el guión que necesitas - *Miguel Casamayor y Mercè Sarrias*

Taller de comunicación:

Periodismo en internet - *Gabriel Jaraba*

Youtuber - *Gabriel Jaraba*

¡Hazlo con tu smartphone! - *Gabriel Jaraba*